季布欒布列傳第四十　史記一百

季布者楚人也爲氣任俠孟康曰信交道曰任如淳曰相與信爲任同是非爲俠所謂權行州里力折公侯者也或曰任氣力也俠甹也○索隱曰任而禁反俠音協如淳說爲近甹音普名反其義難喩有名於楚項籍使將兵數窘漢王如淳曰窘困也及項羽滅高祖購求布千金敢有舍匿罪及三族季布匿濮陽周氏周氏曰漢購將軍急迹且至臣家將軍能聽臣臣敢獻計即不能願先自剄季布許之廼髡鉗季布衣褐衣置廣柳車中服虔曰東郡謂廣轍車爲柳鄧展曰皆棺飾也載以喪車欲人不知也李奇曰大牛車也車上覆爲柳瓚曰茂陵書中有廣柳車每縣數百乘是今運轉大車是也○索隱曰案服虔臣瓚所據則是大車任載運者名廣柳車然則柳爲車通名鄧展所說事義相協最爲通允故禮曰設柳翣爲使人勿惡也鄭玄注周禮云柳聚也諸色所聚則是喪車稱柳故後人通謂車爲柳也

并與其家僮數十人之魯朱家所賣之朱家心知是季布廼買而置之田誡其子曰田事聽此奴必與同食朱家廼乘軺車徐廣曰馬車也○索隱曰案謂輕車一馬車也之洛陽見汝陰矦滕公滕公留朱家飲數日因謂滕公曰季布何大罪而上求之急也滕公曰布數爲項羽窘上上怨之故必欲得之朱家曰君視季布何如人也曰賢者也朱家曰臣各爲其主用季布爲項籍用職耳項氏臣可盡誅邪今上始得天下獨以己之私怨求一人何示天

下之不廣也且以季布之賢而漢求之急如此此不北走胡即南走越耳夫忌壯士以資敵國此伍子胥所以鞭荆平王之墓也君何不從容爲上言邪汝陰侯滕公心知朱家大俠意季布匿其所廼許曰諾待閒果言如朱家指上廼赦季布當是時諸公皆多季布能摧剛爲柔朱家亦以此名聞當世季布召見謝上拜爲郎中孝惠時爲中郎將單于嘗爲書嫚呂后不遜呂后大怒召諸將議之上將軍樊噲曰臣願得十萬衆横行匈奴中諸將皆阿呂后意曰然季布曰

樊噲可斬也夫高帝將兵四十餘萬衆困於平城今噲奈何以十萬衆横行匈奴中面欺且秦以事於胡陳勝等起于今創痍未瘳噲又面諛欲揺動天下是時殿上皆恐太后罷朝遂不復議擊匈奴事季布爲河東守孝文時人有言其賢者孝文召欲以爲御史大夫復有言其勇使酒難近索隱曰使音如字近音其靳反因酒縱性謂之使酒即酗酒也至留邸一月見罷季布因進曰臣無功竊寵待罪河東索隱曰季布言已無功能竊承恩寵得待罪河東其詞典省而文之也陛下無故召臣此人必有以臣欺陛下者今臣至無所受事罷去

此人必有以毀臣者夫陛下以一人之譽而召臣一人之毀而去臣臣恐天下有識聞之有以闚陛下也 韋昭曰闚見陛下深淺也 上默然慙良久曰河東吾股肱郡故時召君耳布辭之官楚人曹丘生辯士數招權顧金錢 孟康曰招求也以金錢事權貴而求得其形勢以自炫燿也文穎曰事權貴也與通勢以其所有辜較請託金錢以自顧○索隱曰義如孟康文穎所說辜較音姑角○正義曰言曹丘生依倚貴人用權勢屬請數求他人顧錢賞金錢也 事貴人趙同等 徐廣曰漢書作趙談司馬遷以其父名談故改之 與竇長君善季布聞之寄書諫竇長君曰吾聞曹丘生非長者勿與通及曹丘生歸欲得書請季布 張晏曰欲使竇長君爲介於布請見 竇長君曰季將軍不說足下足下無往固請書遂行使人先發書季布果大怒待曹丘曹丘至即揖季布曰楚人諺曰得黃金百斤不如得季布一諾足下何以得此聲於梁楚閒哉且僕楚人足下亦楚人也僕游揚足下之名於天下顧不重邪何足下距僕之深也季布迺大說引入留數月爲上客厚送之季布名所以益聞者曹丘揚之也季布弟季心 徐廣曰一作子 氣蓋關中遇人恭謹爲任俠方數千里士皆爭爲之死嘗殺人亡之吳從袁絲匿長事袁絲 索隱曰盎字絲 弟畜灌夫籍福之屬嘗爲中

司馬（如淳曰中尉之司馬○索隱曰漢書作中尉司馬）中尉郅都不敢不加禮少年多時時竊籍其名以行（索隱曰籍音子亦反）當是時季心以勇布以諸著聞關中季布母弟丁公（晉灼曰楚漢春秋云薛人名固）爲楚將丁公爲項羽逐窘高祖彭城西短兵接高祖急顧丁公曰兩賢豈相戹哉於是丁公引兵而還漢王遂解去及項王滅丁公謁見高祖高祖以丁公徇軍中丁公爲項王臣不忠使項王失天下者廼丁公也遂斬丁公曰使後世爲人臣者無效丁公

欒布者梁人也始梁王彭越爲家人時嘗與布游（索隱曰謂居家之人無官職也）窮困賃傭於齊爲酒人保（漢書音義曰酒家作保傭也可保信故謂之保）數歲彭越去之巨野中爲盜而布爲人所略賣爲奴於燕爲其家主報仇燕將臧荼舉以爲都尉臧荼後爲燕王以布爲將及臧荼反漢擊燕虜布梁王彭越聞之廼言上請贖布以爲梁大夫使於齊未還漢召彭越責以謀反夷三族已而梟彭越頭於雒陽下詔曰有敢收視者輒捕之布從齊還奏事彭越頭下祠而哭之吏捕布以聞上召布罵曰若與彭越反邪吾禁人勿收若獨祠而哭之與越反明矣趣

亨之索隱曰趣音促亨音普盲反謂疾令赴鑊也方提趣湯徐廣曰趣一作走○索隱曰提音啼趣音娶徐廣云一作走走亦趣向之也布顧曰願一言而死上曰何言布曰方上之困於彭城敗滎陽成皐間項王所以遂不能西徙以彭王居梁地與漢合從苦楚也當是之時彭王一顧與楚則漢破與漢而楚破且垓下之會微彭王項氏不亡天下已定彭王剖符受封亦欲傳之萬世今陛下一徵兵於梁彭王病不行而陛下疑以爲反反形未見以苛小徐廣曰小一作峭案誅滅之臣恐功臣人人自危也今彭王已死臣生不如死請就亨於

是上迺釋布罪拜爲都尉孝文時爲燕相至將軍布迺稱曰窮困不能辱身下志非人也富貴不能快意非賢也於是嘗有德者厚報之有怨者必以法滅之吳軍反時以軍功封俞侯徐廣曰擊齊有功也復爲燕相燕齊之間皆爲欒布立社號曰欒公社景帝中五年薨子賁嗣爲太常犧牲不如令國除

太史公曰以項羽之氣而季布以勇顯於楚身屢典軍徐廣曰屢一作屢一曰覆駰案孟康曰屢屢蹈之也瓚曰屢數也○索隱曰案徐氏云一作覆而下云搴旗則覆軍爲是愈於屢之與覆者也搴旗者數矣可謂壯士然

被刑戮爲人奴而不死何其下也彼必自負其材故受辱而不羞欲有所用其未足也故終爲漢名將賢者誠重其死夫婢妾賤人感慨而自殺者徐廣曰或作慨字音義同非能勇也其計畫無復之耳徐廣曰復一作冀欒布哭彭越趣湯如歸者彼誠知所處如淳曰非死者難處死者難不自重其死雖往古烈士何以加哉

索隱述贊曰

季布季心　有聲梁楚　百金然諾
十萬致距　出守河東　股肱是與
欒布哭越　犯禁見虜　赴鼎非冤
誠知所處

季布欒布列傳第四十　史記一百

袁盎鼂錯列傳第四十一

袁盎者楚人也（索隱曰盎音如周禮盎齊烏浪反）字絲父故爲羣盜徙處安陵高后時盎嘗爲呂祿舍人及孝文帝即位盎兄噲任盎爲中郎（如淳曰盎爲兄所保任故得爲中郎）絳侯爲丞相朝罷趨出意得甚上禮之恭常自送之（徐廣曰自一作目）袁盎進曰陛下以丞相何如人上曰社稷臣盎曰絳侯所謂功臣非社稷臣社稷臣主在與在（如淳曰人主在時與共治在時之事）主亡與亡（如淳曰不以主亡而不行其政令○索隱曰如淳說爲得）方呂后時諸呂用事擅相王劉氏不絕如帶是時絳侯爲太尉主兵柄弗能正呂后

崩大臣相與共畔諸呂太尉主兵適會其成功所謂功臣非社稷臣丞相如有驕主色陛下謙讓臣主失禮竊爲陛下不取也後朝上益莊（索隱曰莊嚴也）丞相益畏已而絳侯望袁盎曰（正義曰望怨也）吾與而兄善今兒廷毀我盎遂不謝及絳侯免相之國國人上書告以爲反徵繫清室（漢書作請室應劭曰請室請罪之室若今鍾下也如淳曰請室獄也若古刑於甸師氏也）宗室諸公莫敢爲言唯袁盎明絳侯無罪絳侯得釋盎頗有力絳侯乃大與盎結交淮南厲王朝殺辟陽侯居處驕甚袁盎諫曰諸侯大驕必生患可適削地上弗用

淮南王益横及棘蒲侯柴武太子謀反事覺治連淮南王淮南王徵上因遷之蜀轞車傳送袁盎時為中郎將乃諫曰陛下素驕淮南王弗稍禁以至此今又暴摧折之淮南王為人剛如有遇霧露行道死陛下竟為以天下之大弗能容有殺弟之名奈何上弗聽遂行之淮南王至雍病死聞上輟食哭甚哀盎入頓首請罪上曰以不用公言至此盎曰上自寬此往事豈可悔哉且陛下有高世之行者三此不足以毀名上曰吾高世行三者何事盎曰陛下居代時太后嘗

病三年陛下不交睫不解衣湯藥非陛下口所嘗弗進夫曾參以布衣猶難之今陛下親以王者脩之過曾參孝遠矣夫諸呂用事大臣專制然陛下從代乘六乘傳馳不測之淵贊曰大臣共誅諸呂禍福尚未可知故曰不測也雖賁育之勇不及陛下孟康曰孟賁夏育皆古勇者也○索隱曰尸子云孟賁水行不避蛟龍陸行不避虎兕戰國策云夏育叱呼駭三軍身死庸夫高誘曰育衛人為申繻所殺賁音奔陛下至代邸西向讓天子位者再南面讓天子位者三夫許由一讓而陛下五以天下讓過許由四矣且陛下遷淮南王欲以苦其志使改過有司衛不謹故病死於是上乃解曰將奈

何盎曰淮南王有三子唯在陛下耳於是文帝立其三子皆為王盎由此名重朝廷袁盎常引大體伉慨宦者趙同徐廣曰漢書作談字以數幸常害袁盎袁盎患之盎兄子種為常侍騎持節夾乘索隱曰案漢書舊儀云持節夾乘輿車騎從者云常侍騎也說盎曰徐廣曰說一作謀君與鬬廷辱之使其毀不用孝文帝出趙同參乘袁盎伏車前曰臣聞天子所與共六尺輿者皆天下豪英今漢雖乏人陛下獨奈何與刀鋸餘人載於是上笑下趙同趙同泣下車文帝從霸陵上欲西馳下峻阪袁盎騎並車擥轡上曰將軍怯邪

盎曰臣聞千金之子坐不垂堂索隱曰案張揖云恐簷瓦墮中人或云臨堂邊垂恐墮墜也百金之子不騎衡徐廣曰一作行騆案服虔曰自惜身不騎衡如淳曰騎倚也衡樓殿邊欄楯也韋昭曰衡車衡○索隱曰衡木行馬也如淳云騎音於歧反韋昭云騎音奇案諸家說如淳為長如云欄楯者案纂要云宮殿四面欄縱者云欄橫者云楯是也聖主不乘危而徼幸今陛下騁六騑如淳曰六馬之疾若飛馳下峻山如有馬驚車敗陛下縱自輕奈高廟太后何上乃止上幸上林皇后慎夫人從其在禁中常同席坐及坐郎署長布席正義曰蘇林云郎署上林中直衛之署袁盎引卻慎夫人坐如淳曰盎時為中郎將天子幸署豫設供待之故得卻慎夫人坐慎夫人怒不肯坐上亦怒起入禁中盎因前說曰臣聞尊卑

有序則上下和今陛下既已立后愼夫人乃妾妾主豈可與同坐哉且陛下幸之即厚賜之陛下所以爲愼夫人適所以禍之陛下獨不見人彘乎張晏曰戚夫人於是上乃說召語愼夫人愼夫人賜盎金五十斤然袁盎亦以數直諫不得久居中調爲隴西都尉如淳曰調選仁愛士卒士卒皆爭爲死遷爲齊相徙爲吳相辭行種謂盎曰吳王驕日久國多姦今苟欲劾治彼不上書告君即利劒刺君矣南方卑溼君能日飲毋苛時說王曰毋反而已如此幸得脫盎用種之計吳王厚

遇盎盎告歸道逢丞相申屠嘉下車拜謁丞相從車上謝袁盎袁盎還愧其吏乃之丞相舍上謁求見丞相丞相良久而見之盎因跪曰願請閒丞相曰使君所言公事之曹與長史掾議吾且奏之即私邪吾不受私語袁盎即跪說曰君爲丞相自度孰與陳平絳侯丞相曰吾不如袁盎曰善君即自謂不如夫陳平絳侯輔翼高帝定天下爲將相而誅諸呂存劉氏君乃爲材官蹶張遷爲隊率積功至淮陽守非有奇計攻城野戰之功且陛下從代來每朝郎官上書疏未

嘗不止輩受其言言不可用置之言可受採之未嘗不稱善何也則欲以致天下賢士大夫上日聞所不聞明所不知日益聖智君今自閉鉗天下之口而日益愚夫以聖主責愚相君授禍不久矣丞相乃再拜曰嘉鄙野人乃不知將軍幸教引入與坐為上客盎素不好鼂錯鼂錯所居坐盎去盎坐錯亦去兩人未嘗同堂語及孝文帝崩孝景帝即位鼂錯為御史大夫使吏案袁盎受吳王財物抵罪詔赦以為庶人吳楚反聞鼂錯謂丞史曰（如淳曰百官表御史大夫有兩丞丞史丞相史也）夫袁盎

多受吳王金錢專為蔽匿言不反今果反欲請治盎宜知計謀丞史曰事未發治之有絕（如淳曰事未發之時治之乃有所絕○索隱曰案謂有絕吳反心也）今兵西鄉治之何益且袁盎不宜有謀（如淳曰盎大臣不宜有姦謀）鼂錯猶與未決人有告袁盎者袁盎恐夜見竇嬰為言吳所以反者願至上前口對狀竇嬰入言上上乃召袁盎入見鼂錯在前及盎請辟人賜閒錯去固恨甚袁盎具言吳所以反狀以錯故獨急斬錯以謝吳吳兵乃可罷其語具在吳事中使袁盎為太常竇嬰為大將軍兩人素相與善逮吳反諸陵長

者長安中賢大夫爭附兩人車隨者日數百乘
及鼂錯已誅袁盎以太常使吳吳王欲使將不
肯欲殺之使一都尉以五百人圍守盎軍中袁
盎自其爲吳相時嘗有從史從史嘗盜愛盎侍
兒文穎曰婢也盎知之弗泄遇之如故人有告從史言君
知爾與侍者通乃亡歸袁盎驅自追之遂以侍
者賜之復爲從史及袁盎使吳見守從史適爲
守盎校尉司馬乃悉以其裝齎置二石醇醪會
天寒士卒饑渴飲酒醉西南陬卒皆臥司馬夜
引袁盎起曰君可以去矣吳王期旦日斬君盎

弗信曰公何爲者司馬曰臣故爲從史盜君侍
兒者盎乃驚謝曰公幸有親文穎曰言汝有親老吾不足以
累公司馬曰君弟去臣亦且亡避吾親如淳曰藏匿吾親不
使遇害也○索隱曰案張晏云辟隱也言自隱辟我親不擬遇禍也君何患乃以刀決張
道如淳曰決開當所從云者之道張音帳○索隱曰案帳軍幕也决之以出也從醉卒直隧
出司馬與分背袁盎解節毛懷之如淳曰不欲令人見也杖
步行七八里明見梁騎騎馳去文穎曰梁騎擊吳楚者也或曰得梁馬馳
去也遂歸報吳楚已破上更以元王子平陸侯禮
爲楚王袁盎爲楚相嘗上書有所言不用袁盎
病免居家與閭里浮沈相隨行鬬雞走狗雒陽

劇孟嘗過袁盎盎善待之安陵富人有謂盎曰吾聞劇孟博徒如淳曰博盪之徒或曰博戲之徒將軍何自通之盎曰劇孟雖博徒然母死客送葬車千餘乘此亦有過人者且緩急人所有夫一旦有急叩門不以親爲解張晏曰不語云親不聽也瓚曰凡人之於赴難濟危多以有父母爲辭而孟兼行之○索隱曰案謂不以親爲辭也今此云解者亦謂不以親在而自解不以存亡爲辭天下所望者獨季心劇孟耳今公常從數騎徐廣曰常一作詳一旦有緩急寧足恃乎罵富人弗與通諸公聞之皆多袁盎袁盎雖家居景帝時時使人問籌策梁王欲求爲嗣袁盎進說其後語塞索隱曰鄒氏一云

塞當作露非也案以盎言不宜立弟之義其後立梁王之語塞絕也梁王以此怨盎曾使人刺盎刺者至關中問袁盎諸君譽之皆不容口乃見袁盎曰臣受梁王金來刺君君長者不忍刺君然後刺君者十餘曹如淳曰曹輩備之袁盎心不樂家又多怪乃之掊生所問占徐廣曰掊一作服駟案文頴曰掊音陪秦時賢士善術者○索隱曰韋昭云掊姓也還梁刺客後曹輩果遮刺殺盎安陵郭門外

鼂錯者潁川人也索隱曰上音朝錯音厝一如字讀案鼂氏出南陽今西鄂鼂氏自謂子鼂之後也學申商刑名於軹張恢先所徐廣曰先即先生○索隱曰軹縣人張恢先生所學申商之法與雒陽宋孟及劉禮同師以文學

爲太常掌故 應劭曰掌故百石吏主故事○索隱曰服虔云百石卒吏漢舊儀云太常博士弟子試射策中甲科補郎中乙科補掌故也 錯爲人陗直刻深 韋昭曰術岸高曰峭瓚曰陗峻○索隱曰按韋昭注本無術字或云術道路也陗音七笑反 孝文帝時天下無治尚書者獨聞濟南伏生故秦博士治尚書年九十餘老不可徵乃詔太常使人往受之太常遣錯受尚書伏生所 正義曰衛宏詔定古文尚書序云徵之老不能行遣太常掌故鼂錯往讀之年九十餘不能正言言不可曉使其女傳言教錯齊人語多與潁川異錯所不知者凡十二三略以其意屬讀而已也 還因上便宜事以書稱說詔以爲太子舍人門大夫家令 服虔曰太子稱家瓚曰茂陵書太子家令秩八百石 以其辯得幸太子太子家號曰智囊數上書孝文時言削諸侯

事及法令可更定者書數十上孝文不聽然奇其材遷爲中大夫當是時太子善錯計策袁盎諸大功臣多不好錯景帝即位以錯爲內史錯常數請閒言事輒聽寵幸傾九卿 徐廣曰九一作八 法令多所更定丞相申屠嘉心弗便力未有以傷內史府居太上廟壖中門東出不便錯乃穿兩門南出鑿廟壖垣 索隱曰壖音乃亂反謂墻外之短垣也又音而緣反 丞相嘉聞大怒欲因此過爲奏請誅錯錯聞之即夜請閒具爲上言之丞相奏事因言錯擅鑿廟垣爲門請下廷尉誅上曰此非廟垣乃壖中垣 正義曰上人緣反石

壖者廟內垣外游地也不致於法丞相謝罷朝怒謂長史曰
吾當先斬以聞乃先請爲兒所賣固誤丞相遂
發病死錯以此愈貴遷爲御史大夫請諸侯之
罪過削其地徐廣曰一云言景帝曰諸侯或連數郡非古之制非久長策不便請削之上令公卿云云
收其枝郡奏上上令公卿列侯宗室集議莫敢
難獨竇嬰爭之由此與錯有郤錯所更令三十
章諸侯皆諠譁疾鼂錯錯父聞之從潁川來謂
錯曰上初即位公爲政用事侵削諸侯別疏人
骨肉人口議徐廣曰一作讙多怨公者何也鼂錯曰固也
不如此天子不尊宗廟不安錯父曰劉氏安矣

而鼂氏危矣吾去公歸矣遂飲藥死曰吾不忍
見禍及吾身死十餘日吳楚七國果反以誅錯
爲名及竇嬰袁盎進說上令鼂錯衣朝衣斬東
市鼂錯已死謁者僕射鄧公正義曰漢書作鄧先孔文祥云名先爲
校尉擊吳楚軍爲將還上書言軍事謁見上上
問曰道軍所來如淳曰道路從吳軍所來也瓚曰道由也聞鼂錯死吳
楚罷不鄧公曰吳王爲反數十年矣發怒削地
以誅錯爲名其意非在錯也且臣恐天下之士
噤口不敢復言也索隱曰噤音其錦反又音其禁反上曰何哉鄧
公曰夫鼂錯患諸侯彊大不可制故請削地

以尊京師萬世之利也計畫始行卒受大戮內杜忠臣之口外爲諸侯報仇臣竊爲陛下不取也於是景帝默然良久曰公言善吾亦恨之乃拜鄧公爲城陽中尉鄧公成固人也（正義曰梁州成固縣也括地志云成固故城在梁州成固縣東六里漢成固城也）多奇計建元中上招賢良公卿言鄧公時鄧公免起家爲九卿一年復謝病免歸其子章以脩黃老言顯於諸公閒

太史公曰袁盎雖不好學亦善傅會仁心爲質引義忼慨遭孝文初立資適逢世（張晏曰資才也適值其世得騁其才）時以變易（張晏曰謂景帝立）及吳楚一說說雖行哉然復不遂好聲矜賢竟以名敗鼂錯爲家令時數言事不用後擅權多所變更諸侯發難不急匡救欲報私讎反以亡軀語曰變古亂常不死則亡豈錯等謂邪

索隱述贊曰

袁盎公直　亦多附會　攬轡見重
却席翳賴　鼂錯建策　屢陳利害
尊主卑臣　家危國泰　悲彼二子
名立身敗

袁盎鼂錯列傳第四十一　史記一百一

張釋之馮唐列傳第四十二　史記一百二

張廷尉釋之者堵陽人也索隱曰韋昭堵音赭又音如字地名屬南陽正義曰應劭曰哀帝改爲順陽水東南入蔡括地志云順陽故城在鄧州穰縣西三十里楚之酈邑也及蘇秦傳云楚北有郇陽並謂此也字季有兄仲同居以訾爲騎郎蘇林曰雇錢若出穀也如淳曰漢儀注訾五百萬得爲常侍郎。索隱曰訾音子移反字苑云訾積財也事孝文帝十歲不得調無所知名釋之曰久宦減仲之產不遂欲自免歸中郎將袁盎知其賢惜其去乃請徙釋之補謁者正義曰百官表云謁者掌賓讚受事員十七人秩比六百石也釋之既朝畢因前言便宜事文帝曰卑之毋甚高論令今可施行也索隱曰案卑下也欲令且卑下其志毋甚高談論語但令依今時事毋說古遠也於是釋之言秦漢之間事秦所以失而漢所以興者久之文帝稱善乃拜釋之爲謁者僕射釋之從行登虎圈正義曰求遠反上問上林尉索隱曰漢書表上林有八丞十二尉百官志云尉秩三百石諸禽獸簿十餘問尉左右視盡不能對虎圈嗇夫正義曰掌虎圈百官表有鄉嗇夫此其類也從旁代尉對上所問禽獸簿甚悉欲以觀其能口對響應無窮者文帝曰吏不當若是邪尉無賴張晏曰才無可恃乃詔釋之拜嗇夫爲上林令釋之久之前曰陛下以絳侯周勃何如人也上曰長者也又復問東陽侯張相如何如人也上復曰長者釋之曰

夫絳侯東陽侯稱爲長者此兩人言事曾不能出口豈斆此嗇夫諜諜晉灼曰音牒○索隱曰漢書作喋喋喋喋多言也利口捷給哉且秦以任刀筆之吏吏爭以亟疾苛察相高然其敝徒文具耳索隱曰案謂空具其文而無其實無惻隱之實以故不聞其過陵遲而至於二世天下土崩今陛下以嗇夫口辯而超遷之臣恐天下隨風靡靡爭爲口辯而無其實且下之化上疾於景響舉錯不可不審也文帝曰善乃止不拜嗇夫上就車召釋之參乘徐行問釋之秦之敝具以質言如淳曰質誠也至宮上拜釋之爲公車令頃之太子與梁王共車入朝不下司馬門如淳曰宮衞令諸出入殿門公車司馬門乘軺傳者皆下不如令罰金四兩於是釋之追止太子梁王無得入殿門遂劾不下公門不敬奏之薄太后聞之文帝免冠謝曰教兒子不謹薄太后乃使使承詔赦太子梁王然後得入文帝由是奇釋之拜爲中大夫頃之至中郎將從行至霸陵居北臨廁李奇曰霸陵北頭廁近霸水帝登其上以遠望也如淳曰居高臨垂邊曰廁也蘇林曰廁邊側也韋昭曰高岸夾水爲廁○索隱曰劉氏廁音初吏反包愷音側義亦兩通是時慎夫人從上指示慎夫人新豐道曰此走邯鄲道也張晏曰慎夫人邯鄲人也如淳曰走音奏趨也○索隱曰案走猶向也使慎夫人鼓瑟上自倚

瑟而歌漢書音義曰聲氣依倚瑟也書曰聲依永○索隱曰倚於綺反案謂歌聲合於瑟聲相依倚也意慘悽悲懷顧謂羣臣曰嗟乎以北山石爲槨正義曰顏師古云美石出京師北山今宜州石是用紵絮斮陳蕠漆其間徐廣曰斮一作錯駰案漢書音義曰斮絮以漆著其間也○索隱曰紵音竹呂反絮音息慮反斮音側略反絮音女居反案斮陳絮以漆著其間也豈可動哉左右皆曰善釋之前進曰使其中有可欲者雖錮南山猶有郄張晏曰錮鑄也帝北向故云北山迴顧南向故云南山○索隱曰案大顏云北山青石肌理細密堪爲椁槨至今猶然故秦本紀云作阿房作酈山發北山石槨乃寫是也故帝欲北山之石爲槨取其精牢釋之荅言但使薄葬冢中無可貪雖無石槨有何憂焉若使厚葬冢中有物雖并錮南山猶爲人所發掘也言南山者取其高厚之意張晏殊失其旨也使其中無可欲者雖無石椁又何戚焉文帝稱善其後拜釋

之爲廷尉頃之上行出中渭橋張晏曰在渭橋中路瓚曰中渭橋兩岸之中○索隱曰張晏臣瓚之說皆非也案今渭橋有三所一所在城西北咸陽路曰西渭橋一所在東北高陵路曰東渭橋其中渭橋在故城之北也有一人從橋下走出乘輿馬驚於是使騎捕屬之廷尉釋之治問曰縣人來如淳曰長安縣人聞蹕匿橋下久之以爲行已過即出見乘輿車騎即走耳廷尉奏當一人犯蹕當罰金如淳曰乙令蹕先至而犯者罰金四兩蹕止行人○索隱曰崔浩云當謂處其罪也案百官志云廷尉掌平刑罰奏當所應郡國讞疑罪皆處當以報之也文帝怒曰此人親驚吾馬吾馬賴柔和令他馬固不敗傷我乎而廷尉乃當之罰金釋之曰法者天子所與天下公共也索隱曰小顏云公謂

不私也今法如此而更重之是法不信於民也且方其時上使立誅之則已今既下廷尉廷尉天下之平也一傾而天下用法皆為輕重民安所錯其手足唯陛下察之良久上曰廷尉當是也其後有人盜高廟坐前玉環捕得文帝怒下廷尉廷尉治釋之案律盜宗廟服御物者為奏奏當棄市上大怒曰人之無道乃盜先帝廟器吾屬廷尉者欲致族之而君以法奏之索隱曰案以法者謂依律以斷也非吾所以共承宗廟意也釋之免冠頓首謝曰法如是足也徐廣曰足一作止也且罪等如淳曰俱死罪也盜玉環

不若盜長陵土之逆也然以逆順為差今盜宗廟器而族之有如萬分之一假令愚民取長陵一抔土張晏曰不欲指言故以取土譬也○索隱曰抔音步侯反案禮運云汙尊而抔飲鄭氏云抔手掬之字從手字本或作盃言一勺一抔兩音並通又音普回反坏者塼之未燒之名也張晏云不欲指言故以取土譬喻者蓋不欲言盜開長陵及侵掘恐傷迫切先帝故也陛下何以加其法乎久之文帝與太后言之乃許廷尉當是時中尉條侯周亞夫與梁相山都侯王恬開徐廣曰一作間漢書作啓啓者景帝諱也故或為開見釋之持議平乃結為親友張廷尉由此天下稱之後文帝崩景帝立釋之恐索隱曰景帝為太子時與梁王入朝不下司馬門釋之嘗奏劾故恐也稱病欲免去懼大誅至欲見謝則未知何

如用王生計卒見謝景帝不過也王生者善爲黃老言處士也嘗召居廷中三公九卿盡會立王生老人曰吾韈解正義曰上萬越反下閑買反顧謂張廷尉爲我結韈索隱曰結音如字又音計釋之跪而結之既已人或謂王生曰獨奈何廷辱張廷尉使跪結韈王生曰吾老且賤自度終無益於張廷尉張廷尉方今天下名臣吾故聊辱廷尉使跪結韈欲以重之諸公聞之賢王生而重張廷尉張廷尉事景帝歲餘爲淮南王相猶尚以前過也久之釋之卒其子曰張摯字長公官至大夫免以不能取容當世故終身不仕索隱曰謂性公直不能曲屈見容於當世故至免官不仕也

馮唐者其大父趙人父徙代漢興徙安陵唐以孝著爲中郎署長應劭曰此云孝子郎也或曰以至孝聞○索隱曰案謂爲郎署之長也事文帝文帝輦過索隱曰過音戈謂文帝乘輦過郎署也問唐曰父老何自爲郎索隱曰案崔浩云自從也帝詢唐何從爲郎又小顏云年老矣何乃自爲郎恠之也家安在唐具以實對文帝曰吾居代時吾尚食監高袪數爲我言趙將李齊之賢戰於鉅鹿下今吾每飯意未嘗不在鉅鹿也張晏曰每食念監所說李齊在鉅鹿時父知之乎唐對曰尚不如廉頗李牧之爲將也上曰何以唐曰臣大父在趙時爲官卒將徐廣曰一

二云官士將騆案晉灼曰百人爲徹行亦皆師將也○索隱曰案國語闔閭卒百人爲徹行行頭皆官師賈逵云百人爲一隊也官師隊大夫也善李牧臣父故爲代相善趙將李齊知其爲人也上既聞廉頗李牧爲人良說如淳曰良善也而搏髀曰嗟乎吾獨不得廉頗李牧時爲吾將吾豈憂匈奴哉唐曰主臣索隱曰案樂彥云人臣進對前稱主臣猶上書前云昧死案志林云馮唐面折萬乘何言不懼主臣爲驚怖其言益著也又魏武謂陳琳云卿爲本初檄何乃上及父祖琳謝曰主臣益明主臣是驚怖也解已見前篇陛下雖得廉頗李牧弗能用也上怒起入禁中良久召唐讓曰公柰何衆辱我獨無間處乎唐謝曰鄙人不知忌諱當是之時匈奴新大入朝那索隱曰上音朝遥下音乃何反縣名屬河西安定也○正義曰在原州百泉縣

西北十里漢朝那縣是也殺北地正義曰北地郡今寧州也都尉卬索隱曰案都尉姓孫上以胡寇爲意乃卒復問唐曰公何以知吾不能用廉頗李牧也唐對曰臣聞上古王者之遣將也跪而推轂曰閫以內者韋昭曰此郭門之閫也門中橛曰閫○索隱曰橛音其月反○正義曰閫音苦本反謂門限也寡人制之閫以外者將軍制之軍功爵賞皆決於外歸而奏之此非虛言也臣大父言李牧爲趙將居邊軍市之租皆自用饗士索隱曰案謂軍中立市市有稅稅即租也賞賜決於外不從中擾也委任而責成功故李牧乃得盡其智能遣選車千三百乘索隱曰案六韜書云有選車之法十彀騎萬三千索隱曰如淳云

彀音構彀騎張弓之騎也百金之士十萬服虔曰良士直百金也或曰直百金言重○索隱曰晉灼云百金諭其貴重也注云或者服晉之說也劉氏云其功可賞百金者事見管子及小爾雅是以北逐單于破東胡滅澹林徐廣曰澹一作襜○索隱曰崔浩云東胡烏丸之先也國在匈奴之東故云東胡澹音丁甘反一本作襜襤西抑彊秦南支韓魏當是之時趙幾霸索隱曰幾音祈其後會趙王遷立其母倡也索隱曰案列女傳云邯鄲之倡也○正義曰趙幽王母樂家之女也王遷立乃用郭開讒卒誅李牧索隱曰案開是趙王寵臣戰國策云秦多與開金使為反間令顏聚代之索隱曰聚音似諭反漢書作最最本齊將○正義曰絕瘦反是以兵破士北為秦所禽滅今臣竊聞魏尚為雲中守漢書曰尚槐里人也○正義曰雲中郡故城在勝州榆林縣東北三十里其軍市租盡以饗士卒私養錢服虔曰私廩假錢○索隱曰案漢市肆租稅之入為私奉養服虔云私廩假錢是也或云官所別廩給也五日一椎牛饗賓客軍吏舍人索隱曰椎音直追反擊也是以匈奴遠避不近雲中之塞虜曾一入尚率車騎擊之所殺甚眾夫士卒盡家人子索隱曰案謂庶人之家子也起田中從軍安知尺籍五符如淳曰漢軍法曰吏卒斬首以尺籍書下縣移郡令人故行不行奪勞二歲伍符亦什伍之符約節度也或曰以尺簡書故曰尺籍也○索隱曰案尺籍者謂書其斬首之功於一尺之板伍符者命軍人伍伍相保不容姦詐也故行不行謂故命人行而身不自行奪勞一歲也故與崔同終日力戰斬首捕虜上功莫府索隱曰案莫訓大也又崔浩云古者出征為將治無常處以幕為府舍故云莫府莫當為幕古字少耳一言不相應索隱曰應音乙陵反謂數不同也文吏以法繩之其賞不行而吏奉法必

[illegible]

用臣愚以爲陛下法太明賞太輕罰太重且雲中守魏尚坐上功首虜差六級陛下下之吏削其爵罰作之由此言之陛下雖得廉頗李牧弗能用也班固稱揚子曰孝文帝親詘帝尊以信亞夫之軍曷爲不能用頗牧彼將有激臣誠愚觸忌諱死罪死罪文帝說是日令馮唐持節赦魏尚復以爲雲中守而拜唐爲車騎都尉主中尉及郡國車士服虔曰車軍之士七年景帝立以唐爲楚相免武帝立求賢良舉馮唐唐時年九十餘不能復爲官乃以唐子馮遂爲郎遂字王孫亦奇士與余善

太史公曰張季之言長者守法不阿意馮公之論將率有味哉有味哉語曰不知其人視其友二君之所稱誦可著廊廟書曰不偏不黨王道蕩蕩不黨不偏王道便便徐廣曰一作辯張季馮公近之矣

索隱述贊曰

張季未偶　見識袁盎　太子懼法
嗇夫無狀　驚馬罰金　盜環悟上
馮公白首　味哉論將　因對李齊
收功魏尚

第四十二卷終

萬石張叔列傳第四十三　史記一百三

萬石君正義曰以父及四子皆二千石故號奮爲萬石君名奮其父趙人也正義曰洺州邯鄲本趙國都姓石氏趙亡徙居温正義曰故温城在懷州温縣三十里漢縣在也高祖東擊項籍過河内時奮年十五爲小吏侍高祖高祖與語愛其恭敬問曰若何有對曰奮獨有母不幸失明家貧有姊能鼓琴高祖曰若能從我乎曰願盡力於是高祖召其姊爲美人以奮爲中涓正義曰顏師古云中涓官名居中而涓潔也如淳云主通書謁出入命也受書謁從其家長安中戚里索隱曰小顏云於上有姻戚者皆居之故名其里爲戚里長安記戚里在城内以姊爲美人故也其官至孝文時積

功勞至太中大夫無文學恭謹無與比文帝時東陽侯張相如爲太子太傅免選可爲傳者皆推奮奮爲太子太傅及孝景即位以爲九卿迫近憚之張晏曰以其恭敬履度故難之徙奮爲諸侯相奮長子建次子甲次子乙徐廣曰一作仁○正義曰顏師古云史失其名故云甲乙耳非其名也次子慶皆以馴行孝謹徐廣曰馴一作訓索隱曰馴音巡官皆至二千石於是景帝曰石君及四子皆二千石人臣尊寵乃集其門號奮爲萬石君孝景帝季年萬石君以上大夫祿歸老于家以歲時爲朝臣過宮門闕萬石君必下車趨見路馬必式焉子孫

爲小吏來歸謁萬石君必朝服見之不名子孫
有過失不譙讓爲便坐對案不食索隱曰譙音才笑反譙讓責讓
也爲音于僞反便音婢綿反蓋謂爲之不處正室別坐他處故曰便坐坐音如座便坐非正坐處也故王者所居有便殿
便旁義亦然也又音婢見反亦通然後諸子相責因長老肉袒固
謝罪改之乃許子孫勝冠者在側雖燕居必冠
索隱曰燕謂閒燕之時燕安也申申如也僮僕訢訢如也晉灼曰訢許愼曰古
欣字韋昭曰聲和貌唯謹上時賜食於家必稽首俯伏而食
之如在上前其執喪哀戚甚悼子孫遵教亦如
之萬石君家以孝謹聞乎郡國雖齊魯諸儒質
行皆自以爲不及也建元二年郎中令正義曰百官表云郎

中令秦官掌居宮殿門戶武帝太初元年更名光祿勳也王臧以文學獲罪皇太
后以爲儒者文多質少今萬石君家不言而躬
行乃以長子建爲郎中令少子慶爲內史正義曰百官表
云內史周官秦因之掌治京師景帝分置左內史武帝太初元年更名京兆尹左內史名左馮翊也建老白
首萬石君尚無恙建爲郎中令每五日洗沐歸
謁親文穎曰郎五日一下○正義曰孔文祥云建爲郎中令即光祿勳九卿之職也直五日一下也按五日一
下直洗沐入子舍索隱曰案劉氏謂小房內非正堂也小顏以爲諸子之舍若今諸房也竊問
侍者取親中裙廁牏身自浣滌徐廣曰牏築垣短板也音住廁牏謂
廁圂垣牆建隱於其側浣滌也一讀牏爲窬竇窬音豆言建又自洗蕩廁窬竇廁窬瀉除穢惡之穴也呂靜曰楲窬褻器也音
威豆駰案蘇林曰牏音投賈逵解周官楲虎子也窬行清也孟康曰廁行清窬行中受糞者也東南人謂鑿木空中如曹

謂之窬晉灼曰今世謂反閉小衫袖爲侯窬此最廁近身之衣也○索隱曰案親謂父也中裙近身衣也徐廣云褕短
板以築牆未知其義何從恐非也復與侍者不敢令萬石君知以
爲常建爲郎中令事有可言屏人恣言極切至
廷見如不能言者是以上乃親尊禮之萬石君
徙居陵里徐廣曰陵一作鄰○索隱曰小顔云陵里里名在茂陵非長安之戚里也○正義曰茂陵邑中
里也茂陵故城漢茂陵縣也在雍州始平縣東北二十里內史慶醉歸入外門不
下車萬石君聞之不食慶恐肉袒請罪不許舉
宗及兄建肉袒萬石君讓曰內史貴人入閭里
里中長老皆走匿而內史坐車中自如固當乃
謝罷慶慶及諸子弟入里門趨至家萬石君以

元朔五年中卒長子郎中令建哭泣哀思扶杖
乃能行歲餘建亦死諸子孫咸孝然建最甚甚
於萬石君建爲郎中令書奏事事下建讀之曰
誤書馬字與尾當五今乃四不足一服虔曰作馬字下曲而五
建時上事書誤作四○正義曰顔師古云馬字下曲者尾并四點爲四足凡五上譴死矣甚惶
恐其爲謹慎雖他皆如是萬石君少子慶爲太
僕御出上問車中幾馬慶以策數馬畢舉手曰
六馬慶於諸子中最爲簡易矣正義曰漢書慶爲太僕御出上問車
中幾馬慶以策數馬畢舉手曰六馬按慶於兄弟最爲簡易矣然猶如此也然猶如此爲齊
相舉齊國皆慕其家行不言而齊國大治爲立

石相祠元狩元年上立太子選羣臣可為傅者慶自沛守為太子太傅七歲遷為御史大夫元鼎五年秋丞相有罪罷（趙周坐酎金免○索隱曰案漢書而知也）制詔御史萬石君先帝尊之子孫孝其以御史大夫慶為丞相封為牧丘侯是時漢方南誅兩越東擊朝鮮北逐匈奴西伐大宛中國多事天子巡狩海內脩上古神祠封禪興禮樂公家用少桑弘羊等致利王溫舒之屬峻法兒寬等推文學至九卿更進用事事不關決於丞相丞相醇謹而已在位九歲無能有所匡言嘗欲請治上近臣所忠九卿咸宣罪（服虔曰音喊損之咸）不能服反受其過贖罪元封四年中關東流民二百萬口無名數者四十萬（索隱曰案小顏云無名數若今之無戶籍）公卿議欲請徙流民於邊以適之上以為丞相老謹不能與其議乃賜丞相告歸而案御史大夫以下議為請者丞相慙不任職乃上書曰慶幸得待罪丞相罷駑無以輔治城郭倉庫空虛民多流亡罪當伏斧質上不忍致法願歸丞相侯印乞骸骨歸避賢者路天子曰倉廩既空民貧流亡而君欲請徙之搖蕩不安動危之而辭位君欲安歸難乎（索隱

曰難音乃彈反言欲歸於何人以書讓慶慶甚慙遂復視事慶文深審謹然無他大略爲百姓言後三歲餘太初二年中丞相慶卒諡爲恬侯慶中子德慶愛用之上以德爲嗣代侯後爲太常坐法當死贖免爲庶人慶方爲丞相諸子孫爲吏更至二千石者十三人及慶死後稍以罪去孝謹益衰矣

建陵侯正義曰括地志云漢建陵縣故城在沂州丞縣界也衛綰者代大陵人也索隱曰地理志縣名在代○正義曰括地志云大陵縣城在幷州文水縣北十三里桉代王耳時都中都大陵屬焉故言代大陵人也綰以戲車爲郎應劭曰能左右超乘也如淳曰櫟機轄之類○索隱曰案今亦有弄車之戲是也櫟音歷謂超踰之也轄音衛謂車軸頭也事文帝功次遷爲

中郎將醇謹無他孝景爲太子時召上左右飲而綰稱病不行張晏曰恐文帝謂豫有二心以事太子文帝且崩時屬孝景曰綰長者善遇之及文帝崩景帝立歲餘不譙呵綰索隱曰譙呵音誰何猶借訪也一曰譙呵責讓也不譙呵言不嗔責綰也綰日以謹力景帝幸上林詔中郎將參乘還而問曰君知所以得參乘乎綰曰臣從車士幸得以功次遷爲中郎將不自知也上問曰吾爲太子時召君君不肯來何也對曰死罪實病上賜之劒綰曰先帝賜臣劒凡六劒不敢奉詔上曰劒人之所施易獨至今乎如淳曰施讀曰移言劒者人之所好故多數移易貿換之也○索隱

[illegible]

曰施音移易音亦綰曰具在上使取六劒劒尚盛未嘗服也郎官有譴常蒙其罪不與他將爭有功常讓他將上以爲廉忠實無他腸索隱曰案小顏云心腸之内無他惡也乃拜綰爲河閒王太傅吳楚反詔綰爲將將河閒兵擊吳楚有功拜爲中尉三歲以軍功孝景前六年中封綰爲建陵侯其明年上廢太子誅栗卿之屬蘇林曰栗太子舅也如淳曰栗氏親屬也卿其名也○索隱曰栗姻之族也○正義曰顏師古云太子廢爲臨江王故誅其外家親屬也上以爲綰長者不忍乃賜綰告歸而使郅都治捕栗氏旣已上立膠東王爲太子召綰拜爲太子太傅久之遷爲御史大夫五

歲代桃侯舍正義曰故桃城在渭州胙城縣東三十里劉舍所封也爲丞相朝奏事如職所奏索隱曰以言但守職分而已不別有所奏議也然自初官以至丞相終無可言天子以爲敦厚可相少主尊寵之賞賜甚多爲丞相三歲景帝崩武帝立建元年中丞相以景帝疾時諸官囚多坐不辜者而君不任職免之其後綰卒子信代坐酎金失侯

塞侯正義曰上音先代反古塞國今陝州桃林縣以西至潼關皆桃林塞地也直不疑者南陽人也索隱曰案塞國名今桃林之塞也直姓也不疑名也與雋不疑同字爲郎事文帝其同舍有告歸誤持同舍郎金已去而金主覺妄意不疑索隱曰謂妄疑其盜取將也不疑謝有之買金償而

告歸者來而歸金而前郎亡金者大慙以此稱
爲長者文帝稱舉稍遷至太中大夫徐廣曰漢書云稱爲長者
稍遷至太中大夫無文帝稱舉四字也朝廷見人或毀曰不疑狀貌
甚美然獨無柰其善盜嫂何也索隱曰案小顔云盜謂私之
聞曰我乃無兄然終不自明也吳楚反時不疑
以二千石將兵擊之景帝後元年拜爲御史大
夫天子脩吳楚時功乃封不疑爲塞侯武帝建
元年中與丞相綰俱以過免不疑學老子言其
所臨爲官如故唯恐人知其爲吏跡也不好立
名稱稱爲長者不疑卒子相如代孫望坐酎金

失侯索隱曰漢書作彭祖坐酎金國除
郎中令周文者名仁其先故任城人也正義曰任城兖州縣
也以醫見景帝爲太子時拜爲舍人積功稍遷
孝文帝時至太中大夫景帝初即位拜仁爲郎
中令仁爲人陰重不泄常衣敝補衣溺袴服虔曰質重不
泄人之陰謀也張晏曰陰重不泄下溼故溺袴是以得比官者得入後宮仁有子孫先未得此病時所生韋昭曰陰重如
今帶下病泄利○索隱曰案其解二亦各有異小顔云陰密也爲性密重不泄人言也霍去病少言不泄亦其類也其人
又常衣弊補衣及溺袴故爲不潔清之服是以得幸入卧内也二者未知誰得其實期爲不絜清
索隱曰謂心中常期不絜之服則期是故之意也小顔亦同○正義曰淸淸淨期猶常也言爲不絜淨下湿故得入卧内
後宮比官者以是得幸景帝入卧内於後宮祕戲索隱曰謂後宮

中戲劇宜可祕也仁常在旁至景帝崩仁尚爲郎中令終無所言上時問人正義曰顏師古云問以他人之善惡也仁曰上自察之然亦無所毀以此景帝再自幸其家家徙陽陵上所賜甚多然常讓不敢受也諸侯羣臣賂遺終無所受武帝立以爲先帝臣重之仁乃病免以二千石祿歸老子孫咸至大官矣

御史大夫張叔者名歐史記音隱曰歐於友反○索隱曰歐音烏後反漢書作歐孟康音驅也安丘侯說之庶子也徐廣曰張說起於方與縣從高祖以入漢也○索隱曰說音悅孝文時以治刑名言韋昭曰有刑名之書欲令名實相副也○索隱曰案劉向別錄云申子學號曰刑名者循名以責實其尊君卑臣崇上抑下合於六經也說者云刑名家即太史公所說六家之二也事太子然歐雖治刑名家正義曰刑刑家也名家在太史公自有傳言治刑法及名實也其人長者景帝時尊重常爲九卿至武帝元朔四年韓安國免詔拜歐爲御史大夫自歐爲吏未嘗言案人專以誠長者處官官屬以爲長者亦不敢大欺上具獄事有可卻卻之不可者不得已爲涕泣面對而封之其愛人如此老病篤請免於是天子亦策罷以上大夫祿歸老于家家於陽陵子孫咸至大官矣

太史公曰仲尼有言曰君子欲訥於言徐廣曰訥字多作詘音同耳古字假借而敏於行其萬石建陵張叔之謂邪是

以其教不肅而成不嚴而治塞侯微巧正義曰不疑學老子所臨官恐人知其爲吏跡不好立名稱稱爲長者是微巧也而周文處讇索隱曰案直不疑以吳楚反時爲二千石將景帝封之微巧也周文處讇者謂爲郎中令陰重得幸出入卧內也故班固曰石建之澣衣周仁之垢汙君子譏之是也○正義曰上時問人仁曰上自察之上所賜常不受又諸侯羣臣賂遺終無所受此爲處讇故君子譏此二人爲其近於佞也君子譏之爲其近於佞也然斯可謂篤行君子矣

索隱述贊曰

萬石孝謹　自家形國　郎中數馬

內史匍匐　綰無他腸　塞有陰德

刑名張歐　垂涕恤獄　敏行訥言

俱嗣芳躅

萬石張叔列傳第四十三　史記一百三

田叔列傳第四十四　　史記一百四

田叔者趙陘城人也（索隱曰案下文字少卿陘音刑縣名屬中山）其先齊田氏苗裔也叔喜劍學黃老術於樂巨公所（索隱曰本燕人樂毅之後〇正義樂姓巨公名）叔爲人刻廉自喜喜游諸公（正義曰喜音許記反諸公謂丈人行也）趙人舉之趙相趙午午言之趙王張敖所趙王以爲郎中數歲切直廉平趙王賢之未及遷會陳豨反代（徐廣曰七年韓王信反高帝征之十年代相陳豨反）漢七年高祖往誅之過趙趙王張敖自持案進食禮恭甚高祖箕踞罵之是時趙相趙午等數十人皆怒謂張王曰王事上禮備矣今遇王如是臣等請爲亂趙王齧指出血曰先人失國微陛下臣等當蟲出（索隱曰案謂死而蟲出也左傳齊桓死未葬蟲流於戶外是也）公等奈何言若是毋復出口矣於是貫高等曰王長者不倍德卒私相與謀弒上會事發覺（徐廣曰九年十二月捕貫高等也）漢下詔捕趙王及羣臣反者於是趙午等皆自殺唯貫高就繫是時漢下詔書趙有敢隨王者皋三族唯孟舒田叔等十餘人赭衣自髡鉗稱王家奴隨趙王敖至長安貫高事明白趙王敖得出廢爲宣平侯乃進言田叔等十餘人上盡召見與語漢廷臣毋能出其右者

上說盡拜爲郡守諸侯相叔爲漢中守十餘年會高后崩諸吕作亂大臣誅之立孝文帝孝文帝既立召田叔問之曰公知天下長者乎對曰臣何足以知之上曰公長者也宜知之叔頓首曰故雲中守孟舒長者也是時孟舒坐虜大入塞盜劫雲中尤甚免上曰先帝置孟舒雲中十餘年矣虜曾一入孟舒不能堅守毋故士卒戰死者數百人長者固殺人乎公何以言孟舒爲長者也叔叩頭對曰是乃孟舒所以爲長者也夫貫高等謀反上下明詔趙有敢隨張王罪三族然孟舒自髡鉗隨張王敖之所在欲以身死之豈自知爲雲中守哉漢與楚相距士卒罷獘匈奴冒頓新服北夷來爲邊害孟舒知士卒罷獘不忍出言士爭臨城死敵如子爲父弟爲兄以故死者數百人孟舒豈故驅戰之哉是乃孟舒所以爲長者也於是上曰賢哉孟舒復召孟舒以爲雲中守後數歲叔坐法失官梁孝王使人殺故吳相袁盎景帝召田叔案梁具得其事還報景帝曰梁有之乎叔對曰死罪有之上曰其事安在田叔曰上毋以梁事爲也上曰何也

曰今梁王不伏誅是漢法不行也如其伏法而太后食不甘味臥不安席此憂在陛下也景帝大賢之以爲魯相魯相初到民自言相訟王取其財物百餘人田叔取其渠率二十人各笞五十餘各搏二十（索隱曰搏音博）怒之曰王非若主邪何自敢言若主魯王聞之大慚發中府錢（正義曰王之財物所藏也）使相償之相曰王自奪之使相償之是王爲惡而相爲善也相毋與償之於是王乃盡償之魯王好獵（正義曰魯共王景帝子都兗州曲阜縣故魯城中）相常從入苑中王輒休（正義曰括地志云矍相圃在兗州曲阜縣南三十里禮記云孔子射於矍相之圃觀者如堵墻也）

相就館舍相出常暴坐（索隱曰上音步卜反）待王苑外王數使人請相休終不休曰我王暴露苑中我獨何爲就舍魯王以故不大出游數年叔以官卒魯以百金祠少子仁不受也曰不以百金傷先人名仁以壯健爲衛將軍舍人（張晏曰衛青也）數從擊匈奴衛將軍進言仁仁爲郎中數歲爲二千石丞相長史失官其後使刺舉三河（正義曰百官表云監御史秦官掌監郡漢省丞相遣御史分刺州不常置也案三河河南河東河內也）上東巡仁奏事有辭上說拜爲京輔都尉（正義曰百官表云右扶風左馮翊京兆尹是爲三輔元鼎四年置三輔都尉服虔云皆治長安城中也）月餘上遷拜爲司直（正義曰百官表云武

帝元狩五年初置司直秩比二千石掌佐丞相舉不法也數歲坐太子事正義曰謂戾太子時左丞相自將兵徐廣曰劉屈氂時為丞相也令司直田仁主閉守城門漢書百官表曰武帝元狩五年初置司直秩比二千石掌佐丞相舉不法坐縱太子下吏誅死仁發兵長陵令車千秋上變仁仁族死陘城今在中山國徐廣曰陘城縣名也○正義曰今定州也

太史公曰孔子稱曰居是國必聞其政田叔之謂乎義不忘賢明主之美以救過仁與余善余故并論之

索隱述贊曰

田叔長者　重義輕生　張王既雪

漢中是榮　孟舒見廢　抗說相明

案梁以禮　相魯得情　子仁坐事

刺舉有聲

褚先生曰臣為郎時聞之曰田仁故與任安相善任安滎陽人也少孤貧困為人將車之長安索隱曰將車猶御車也留求事為小吏未有因緣也因占著名數家於武功索隱曰言卜日而自占著家口名數隸於武功猶今附籍然也占音之豔反武功扶風西界小邑也谷口蜀剗道近山正義曰括地志云漢武功縣在渭水南今盩厔縣西界也駱谷閒在雍州盩厔縣西南二十里開駱谷道以通梁州也按行谷有棧道也安以為武功小邑無豪易高也索隱曰易音以豉反言邑小無

豪易得高名也安留代人爲求盜亭父（郭璞曰亭卒也○正義曰安畱武功替人爲求盜亭父也應劭云舊時亭有兩卒其一爲亭父掌關閉掃除一爲求盜掌逐捕盜賊也）後爲亭長（正義曰百官表云十里一亭亭有長也）邑中人民俱出獵任安常爲人分麋鹿雉兔部署老小當壯劇易處衆人皆喜曰無傷也任少卿（正義曰少卿安字）分別平有智略明日復合會會者數百人任少卿曰某子甲何爲不來乎諸人皆怪其見之疾也其後除爲三老（正義曰百官表云十亭一鄉鄉有三老一人掌教化也）舉爲親民出爲三百石長（正義曰百官表云萬戶已上爲令秩千石至六百石減萬戶爲長秩五百石至三百石皆有丞尉也）治民坐上行出游共帳不辦斥免乃爲衛將軍舍人與

田仁會俱爲舍人居門下同心相愛此二人家貧無錢用以事將軍家監家監使養惡齧馬兩人同牀臥仁竊言曰不知人哉家監也任安曰將軍尚不知人何乃家監也衛將軍（正義曰衛青也）從此兩人過平陽主主家令兩人與騎奴同席而食此二子拔刀列斷席別坐主家皆怪而惡之莫敢呵其後有詔募擇衛將軍舍人以爲郎將軍取舍人中富給者令具鞍馬絳衣玉具劍欲入奏之會賢大夫少府趙禹來過衛將軍將軍呼所舉舍人以示趙禹趙禹以次問之十餘人

無一人習事有智略者趙禹曰吾聞之將門之下必有將類傳曰不知其君視其所使不知其子視其所友今有詔舉將軍舍人者欲以觀將軍而能得賢者文武之士也今徒取富人子上之又無智略如木偶人衣之綺繡耳將奈之何於是趙禹悉召衛將軍舍人百餘人以次問之得田仁任安曰獨此兩人可耳餘無可用者衛將軍見此兩人貧意不平趙禹去謂兩人曰各自具鞍馬新絳衣兩人對曰家貧無用具也將軍怒曰今兩君家自爲貧何爲出此言鞅鞅如

有移德於我者何也徐廣曰移猶施將軍不得已上籍以聞有詔召見衛將軍舍人此二人前見詔問能略相推第也田仁對曰提桴鼓立軍門使士大夫樂死戰鬬仁不及任安任安對曰夫決嫌疑定是非辯治官使百姓無怨心安不及仁也武帝大笑曰善使任安護北軍使田仁護邊田穀於河上此兩人立名天下其後用任安爲益州刺史正義曰地理志云武帝改曰梁州百官表云元封五年初置部刺史掌奉詔條察州秩六百石員十三按若今採訪按察六條也以田仁爲丞相長史正義曰百官表云丞相有兩長史秩千石田仁上書言天下郡太守多爲姦利三河尤甚

臣請先刺舉三河三河太守皆內倚中貴人與三公有親屬無所畏憚宜先正三河以警天下姦吏是時河南河內太守皆御史大夫杜父兄子弟也杜杜周也河東太守石丞相子孫也正義曰謂石慶是時石氏九人為二千石方盛貴田仁數上書言之杜大夫及石氏使人謝謂田少卿曰吾非敢有語言也願少卿無相誣汙也仁已刺三河三河太守皆下吏誅死仁還奏事武帝說以仁為能不畏彊禦拜仁為丞相司直威振天下其後逢太子有兵事丞相自將兵使司直主城門司

直以為太子骨肉之親父子之閒不甚欲近去之諸陵過是時武帝在甘泉使御史大夫暴君徐廣曰暴勝之為御史大夫下責丞相何為縱太子丞相對言使司直部守城門而開太子上書以聞請捕繫司直司直下吏誅死是時任安為北軍使者護軍太子立車北軍南門外召任安與節令發兵安拜受節入閉門不出武帝聞之以為任安為佯邪徐廣曰佯或作詳也○索隱曰詳音羊邪弋奢反佯謂詐受節不發兵不傅會太子也不傅事何也索隱曰傅音附謂不附會也任安笞辱北軍錢官小吏小吏上書言之以為受太子節言幸與我其鮮

好者索隱曰鮮音仙謂太子請其鮮好之兵甲也書上聞武帝曰是老吏也見兵事起欲坐觀成敗見勝者欲合從之有兩心安有當死之罪甚衆吾常活之今懷詐有不忠之心下安吏誅死

夫月滿則虧物盛則衰天地之常也知進而不知退久乘富貴禍積爲祟故范蠡之去越辭不受官位名傳後世萬歲不忘豈可及哉後進者愼戒之

田叔列傳第四十四　史記一百四

扁鵲倉公列傳第四十五　史記一百五

索隱曰王劭云盤方宜與日者龜筴相接不合列於此後人誤之也○正義曰此傳是醫方合與龜筴日者相次以傳于意孝文帝時醫奉詔問之又爲齊太倉令故太史公以次述之扁鵲乃春秋時良醫不可別序故引爲傳首太倉公次之也

扁鵲者正義曰黃帝八十一難序云秦越人與軒轅時扁鵲相類仍號之爲扁鵲又家於盧國因命之曰盧醫也勃海郡鄭人也徐廣曰鄭當爲鄚鄚縣名今屬河間○索隱曰案勃海無鄚縣徐說是也姓秦氏名越人少時爲人舍長索隱曰劉氏云守客館之師故號云舍長也○正義曰長音丁丈反舍客長桑君過索隱曰隱者蓋神人也○正義曰過音戈扁鵲獨奇之常謹遇之長桑君亦知扁鵲非常人也出入十餘年乃呼扁鵲私坐閒與語曰正義曰閒音閑我有禁方年老欲傳與公公毋泄扁鵲曰敬諾乃出其懷中藥予扁鵲飲是以上池之水三十日當知物矣索隱曰案舊說云上池水謂水未至地蓋承取露及竹木上水取之以和藥服之三十日當見鬼物也乃悉取其禁方書盡與扁鵲忽然不見殆非人也扁鵲以其言飲藥三十日視見垣一方人索隱曰方猶邊也言能隔墻見彼邊之人則服通神也以此視病盡見五藏癥結正義曰五藏謂心肺脾肝腎也六府謂大腸胃膽膀胱三焦也王叔和脈經云左手脈橫癥在左右手脈橫癥在右脈頭大者在上頭小者在下兩手脈結上部者濡結中部者緩結三里者豆起陽邪來見浮洪陰邪來見沉細水穀來見堅實特以診脈爲名耳索隱曰診鄒氏音丈忍反劉氏音陳忍反司馬彪云診占也爲醫或在齊正義曰號盧醫今濟州盧縣或在趙在趙者

名扁鵲當晉昭公時索隱曰案左氏簡子專國在定頃二公之時非當昭公之世且趙系家叙此事亦在定公之初諸大夫彊而公族弱趙簡子爲大夫專國事簡子疾五日不知人索隱曰案韓子云十日不知人所記異也大夫皆懼於是召扁鵲扁鵲入視病出董安于問扁鵲扁鵲曰血脈治也正義曰下云色廢脈亂故形静如死狀也而何怪昔秦穆公嘗如此七日而寤寤之日告公孫支與子輿索隱曰案二子皆秦大夫公孫支子桑也子輿未詳曰我之帝所甚樂吾所以久者適有所學也索隱曰適音釋言我適來有所受教命故云學也帝告我晉國且大亂五世不安其後將霸未老而死霸者之子且令而國男女無別公孫支書

而藏之秦策於是出夫獻公之亂文公之霸而襄公敗秦師於殽而歸縱淫此子之所聞今主君之病與之同不出三日必間間必有言也居二日半簡子寤語諸大夫曰我之帝所甚樂與百神遊於鈞天廣樂九奏萬舞不類三代之樂其聲動心有一熊欲援我帝命我射之中熊熊死有羆來我又射之中羆羆死帝甚喜賜我二笥皆有副吾見兒在帝側帝屬我一翟犬曰及而子之壯也以賜之帝告我晉國且世衰七世而亡正義曰晉定公出公哀公幽公烈公孝公静公爲七世静公二年爲三晉所滅據此及趙世家簡子疾在

定公之十一年也嬴姓將大敗周人於范魁之西索隱曰范魁地名未
詳○正義曰嬴趙氏本姓也周人謂爲衞也晉亡之後趙成侯三年伐衞取鄉邑七十三是也賈逵云月皐曰魁也而
亦不能有也董安于受言書而藏之以扁鵲言
告簡子簡子賜扁鵲田四萬畝其後扁鵲過虢
正義曰陝州城古虢國又陝州河北縣東北下陽故城古虢即晉獻公滅者又洛州汜水縣古東虢國而未知扁鵲過何
者蓋虢至此並滅也虢太子死索隱曰案傳玄云虢是晉獻所滅先此百二十餘年此時焉得有虢則此
云虢太子非也然案虢後改稱郭春秋有郭公蓋郭之太子也扁鵲至虢宮門下問
中庶子喜方者索隱曰喜音許既反喜好也愛也方方伎之人也○正義曰中庶子古官號也
喜方好方術不書姓名也曰太子何病國中治穰過於衆事中
庶子曰太子病血氣不時交錯而不得泄暴發

於外則爲中害精神不能止邪氣邪氣畜積而
不得泄是以陽緩而陰急故暴蹷而死索隱曰蹷音厥○正
義曰釋名云蹷是氣從下蹷起上行外及心脅也扁鵲曰其死何如時曰雞鳴
至今日收乎曰未也收謂棺斂其死未能半日也言
臣齊勃海秦越人也家在於鄭未嘗得望精光
侍謁於前也聞太子不幸而死臣能生之中庶
子曰先生得無誕之乎可以言太子可生也臣
聞上古之時醫有俞跗索隱曰音臾附下又音趺○正義曰臾附二音應劭云黃
帝時將也治病不以湯液醴灑正義曰上音禮下山解反鑱石撟引
案杌毒熨索隱曰鑱音仕咸反謂石針也撟音九兆反謂爲按摩之法夭撟引身如熊顧鳥伸也杌

音玩亦謂按摩而玩弄身體使調也毒熨謂毒病之處以藥物熨帖也一撥見病之應因五藏之輸索隱曰音束注反○正義曰八十一難云肺之原出於太淵心之原出于太陵肝之原出于太衝脾之原出于太白腎之原出于太谿少陰之原出于兌骨膽之原出于丘虛胃之原出于衝陽三焦之原出于陽池膀胱之原出于京骨大腸之原出于全谷小腸之原出于腕骨十二經皆以輸爲原也按此五藏六府之輸也乃割皮解肌訣脈結筋搦髓腦揲荒徐廣曰揲音舌○索隱曰搦音女角反揲肓膏荒也爪幕正義曰以爪决其闌幕也湔浣正義曰上子錢反下胡管反腸胃漱滌五藏練精易形先生之方能若是則太子可生也不能若是而欲生之曾不可以告咳嬰之兒終日扁鵲仰天歎曰夫子之爲方也若以管窺天以郄視文越人之爲方也不待切脈正義曰黃帝素問云待切脈而知病寸口六脈三陰三陽皆隨春秋冬夏觀其脈之變也則知病之逆順也楊玄操云切按也望色正義曰素問云面色青脈當弦急面色赤脈當浮而短面色黑脈當沉浮而滑也聽聲正義曰素問云好哭者肺病好歌者脾病好妄言者心病好呻吟者腎病好叫呼者肝病也寫形正義曰素問云欲得溫而不欲見人者藏家病欲得寒而見人者府家病也言病之所在聞病之陽論得其陰聞病之陰論得其陽正義曰八十一難云陰病行陽陽病行陰故令募在陰俞在陽楊玄操云腸爲陰五藏募皆在腹故云募皆在陰背爲陽五藏俞皆在背故云俞皆在陽內藏有病則出行於陽陽俞在背也外體有病則入行於陰陰募在腹也針法云從陽引陰從陰引陽也病應見於大表不出千里決者至衆不可曲止也索隱曰止語助也不可委曲具言○正義曰言病皆有應見不可曲言病之止住所在也子以吾言爲不誠試入診太子當聞其耳鳴而鼻張正義音張循其兩

股以至於陰當尚溫也中庶子聞扁鵲言目眩然而不瞚舌撟然而不下乃以扁鵲言入報虢君虢君聞之大驚出見扁鵲於中闕曰竊聞高義之日久矣然未嘗得拜謁於前也先生過小國幸而舉之偏國寡臣幸甚 索隱曰謂虢君自謙云已是偏遠之國寡小之臣也 有先生則活無先生則棄捐填溝壑長終而不得反言未卒因噓唏服臆 索隱曰上音皮力反下音憶 魂精泄橫流涕長潸 徐廣曰一云言未卒因涕泣交流噓唏不能自止也○索隱曰潸音山長潸謂長垂淚也 忽忽承映 索隱曰音接映即睫也承映言淚恒垂以承於睫也 悲不能自止容貌變更扁鵲曰若太子病所謂尸蹷者也夫以陽入陰中動胃 正義曰八十一難云脈居陰部反陽脈見者爲陽入陰中是陽乘陰也脈雖時沉濇而短此謂陽中伏陰也脈居陽部而陰脈見者是陰乘陽也脈雖時浮滑而長此謂陰中伏陽也胃水穀之海也 纏緣 正義曰上音直延反纏緣謂脈纏繞胃也素問云延緣落絡脈也恐非此義也 中經維絡 徐廣曰維一作結○索隱曰纏音直延反○正義曰八十一難云十二經脈十五絡脈陽維陰維之脈也 別下於三焦膀胱 正義曰八十一難云三焦者水穀之道路氣之所終始也上焦在心下下鬲在胃上口也中焦在胃中脘不上不下也下焦在臍下當膀胱上口也膀胱者津液之府也溺九升九合也言經絡下于三焦及膀胱也 是以陽脈下遂 徐廣曰一作隊 陰脈上爭 正義曰遂音直類反素問云陽脈下遂難反陰脈上爭如絃也 會氣閉而不通 正義曰八十一難云府會太倉藏會季脇筋會陽陵泉髓會絕骨血會鬲俞骨會大杼脈會大淵氣會三焦此謂八會也 陰上而陽內行下內鼓而不起上外絕而不爲使上有絕陽之絡下有破陰之紐 正義曰女九反

素問云紐赤脉也破陰絶陽之色已廢徐廣曰一作發脈亂故形靜
如死狀太子未死也夫以陽入陰支蘭藏者生
正義曰素問云支者順節蘭者橫節陰支蘭膽藏也以陰入陽支蘭藏者死凡
此數事皆五藏蹷中之時暴作也良工取之正義
曰八十一難云知一爲下工知二爲中工知三爲上工上工者十全九中工者十全八下工者十全六呂廣云一五藏一病
輒有五解一藏爲下工解三藏爲中工解五藏爲上工也拙者疑殆扁鵲乃使弟
子子陽厲鍼砥石以取外三陽五會索隱曰陽扁鵲之弟子也
鍼音針厲謂磨也砥音脂○正義曰素問云手足各有三陰三陽太陰少陽厥陰太陽少陽陽明也五會謂百會胷會聽
會氣會臑會也有閒太子蘇乃使子豹爲五分之熨以八
減之齊和煑之以更正義曰格彭反熨兩脅下索隱曰案言五分之熨者
謂熨之令溫暖之氣入五分也八減之齊者謂藥之齊和所減有八並越人當時有此方也太子起坐
更適陰陽但服湯二旬而復故故天下盡以扁
鵲爲能生死人扁鵲曰越人非能生死人也此
自當生者越人能使之起耳傅玄曰虢自晉獻公時先是百二十餘年滅矣
是時焉得有虢扁鵲過齊齊桓侯客之索隱曰案傅玄曰是時齊無桓侯裴駰云
謂是齊侯田和之子桓公午也蓋與趙簡子頗亦相當入朝見曰君有疾在腠
理正義曰上音湊謂皮膚不治將深桓侯曰寡人無疾扁鵲
出桓侯謂左右曰醫之好利也欲以不疾者爲
功後五日扁鵲復見曰君有疾在血脈不治恐
深桓侯曰寡人無疾扁鵲出桓侯不悅後五日

扁鵲復見曰君有疾在腸胃閒不治將深桓侯不應扁鵲出桓侯不悅後五日扁鵲復見望見桓侯而退走桓侯使人問其故扁鵲曰疾之居腠理也湯熨之所及也在血脈鍼石之所及也其在腸胃酒醪之所及也其在骨髓雖司命無奈之何今在骨髓臣是以無請也後五日桓侯體病使人召扁鵲扁鵲已逃去桓侯遂死傅玄曰是時齊無桓侯駰謂是齊侯田和之子桓公午也使聖人預知微能使良醫得蚤從事則疾可已身可活也人之所病病疾多而醫之所病病道少徐廣曰所病猶正義曰病猒患多也言人猒患疾病多甚也

療病也故病有六不治驕恣不論於理一不治也輕身重財二不治也衣食不能適三不治也陰陽并藏氣不定四不治也形羸不能服藥五不治也信巫不信醫六不治也有此一者則重難治也扁鵲名聞天下過邯鄲聞貴婦人即為帶下醫過雒陽聞周人愛老人即為耳目痹醫索隱曰痺音必二反來入咸陽聞秦人愛小兒即為小兒醫隨俗為變秦太醫令李醯自知伎不如扁鵲也使人刺殺之至今天下言脈者由扁鵲也

太倉公者齊太倉長臨菑人也姓淳于氏名意

正義曰括地志云淳于國城在密州安丘縣東北三十里古之斟灌國也春秋公如曹傳云冬淳于公如曹注水經云淳于縣故夏后氏之斟灌國也周武王以封淳于公號淳于國也少而喜醫方術高后八年更受師同郡元里公乘陽慶正義曰百官表云公乘第八爵也顏師古云言其得乘公之車也慶年七十餘無子使意盡去其故方更悉以禁方予之傳黃帝扁鵲之脈書五色診病正義曰八十一難云五藏有色皆見於面亦當與寸口尺內相應也其面色與相應已見前也知人死生決嫌疑定可治及藥論甚精受之三年爲人治病決死生多驗然左右行游諸侯不以家爲家或不爲人治病病家多怨之者文帝四年中人上書言意以刑罪當傳西之長安索隱曰傳音竹戀反傳乘傳送之意有五女隨而泣意怒罵曰生子不生男緩急無可使者於是少女緹縈傷父之言索隱曰緹音啼縈音紆營反乃隨父西上書曰妾父爲吏齊中稱其廉平今坐法當刑妾切痛死者不可復生而刑者不可復續徐廣曰一作贖雖欲改過自新其道莫由終不可得妾願入身爲官婢以贖父刑罪使得改行自新也書聞上悲其意此歲中亦除肉刑法徐廣曰案年表孝文十二年除肉刑〇正義曰漢書刑法志云孝文帝即位十三年除肉刑三孟康云黥劓二左右趾一凡三也班固詩曰三王德彌薄惟後用肉刑太倉令有罪就遞長安城自恨身無子困急獨煢煢小女痛父言死者不可生上書詣闕下思古歌雞鳴憂心摧折裂晨風揚激聲聖漢孝文帝惻然感至情百男何憒憒不如一緹

意家居詔召問所爲治病死生驗者幾何人主名爲誰詔問故太倉長臣意方伎所長及所能治病者徐廣曰一作爲爲亦治有其書無有皆安受學受學幾何歲嘗有所驗何縣里人也何病醫藥已其病之狀皆何如具悉而對臣意對曰自意少時喜醫藥醫藥方試之多不驗者至高后八年徐廣曰意年二十六得見師臨菑元里公乘陽慶慶年七十餘意得見事之謂意曰盡去而方書非是也慶有古先道遺傳黃帝扁鵲之脈書五色診病知人生死決嫌疑定可治及藥論書甚精我家給富心愛公欲盡以我禁方書悉教公臣意即曰幸甚非意之所敢望也臣意即避席再拜謁受其脈書上下經五色診奇咳奇音羈咳音該○正義曰八十一難云奇經八脈者有陽維有陰維有陽蹻有陰蹻有衝有督有任有帶之脈凡此八者皆不拘於經故云奇經八脈也顧野王云胲當实也又云胲指毛皮也藝文志有五音奇胲用兵二十六卷許慎云胲軍中約也術揆度陰陽外變藥論石神接陰陽禁書受讀解驗之可一年所明歲即驗之有驗然尚未精也要事之三年所即嘗已爲人治診病決死生有驗精良今慶已死十年所臣意年盡三年年三十九歲也齊侍御史成自言病頭痛臣意診其脈告曰君

之病惡不可言也即出獨告成弟昌曰此病疽（七如反）也內發於腸胃之間後五日當癰腫（正義曰上於恭反下之勇反）後八日嘔膿（正義曰女東也）死成之病得之飲酒且內成即如期死所以知成之病者臣意切其脈得肝氣肝氣濁（徐廣曰一作黽）而靜（徐廣曰一作靖）此內關之病也（正義曰八十一難云關遂入尺爲內關呂廣云脈從關至尺澤名內關也）脈法曰脈長而弦不得代四時者（正義曰王叔和脈經云來數而中止不能自還因而復動者名曰代代者死素問云病在心愈在夏甚於冬病在脾愈在秋甚於春病在肺愈在冬甚於夏病在腎愈在春甚於夏病在肝愈在夏甚於秋也）其病主在於肝和即經主病也（正義曰王叔和脈經云脈長而絃病於肝也素問云得病於筋肝之和也）代則絡脈有過（正義曰素問云脈有不及有太過有經有絡和即經主病大則絡有過也八十一難云關之前者陽之動也脈當見九分而浮過者法曰太過減者法曰不及遂上魚爲溢爲外關內格此陰乘之脈也關以後者陰之動也脈當見一寸而沉過者法曰太過減者法曰不及遂入尺爲覆爲內關外格此陽乘之脈也故曰覆溢是其眞藏之脈人不病而死也呂廣云過九分出一寸名太過也不及九分至二分或四分五分此太過不滿一寸見八分或五分六分此不及）經主病和者其病得之筋髓裏其代絶而脈賁者病得之酒且內所以知其後五日而癰腫八日嘔膿死者切其脈時少陽初代代者經病病去過人人則去絡脈主病當其時少陽初關一分故中熱而膿未發也及五分則至少陽之界（徐廣曰一作分下章曰肝與心相去五分故曰五日盡也○正義曰王叔和脈經云分別三門鏡界脈候所主云從魚際至高骨却行一寸其中名曰寸口其骨自）

於寸動於尺寸主射上焦出頭及皮毛竟手關主射中焦腹及於腰尺主射下焦少腹至足也及八日則嘔膿死故上二分而膿發至界而癰腫盡泄而死熱上則熏陽明爛流絡流絡動則脈結發脈結發則爛解故絡交熱氣已上行至頭而動故頭痛

齊王中子諸嬰兒小子病召臣意診切其脈告曰氣鬲病病使人煩懣食不下時嘔沫病得之少憂數忔食飲索隱曰忔音疑乞反忔者風痺忔然不得動也臣意即爲之作下氣湯以飲之一日氣下二日能食三日即病愈所以知小子之病者診其脈心氣也濁徐廣曰一作黽又作猛躁而經也此絡陽病也脈法曰脈來數病去難而不一者病主在心周身熱脈盛者爲重陽索隱曰上音直隴反重陽者逿心主徐廣曰逿音唐逿者盪也謂病盪心者猶刺其心○索隱曰逿依字讀○正義曰八十一難云手心主中宮在中部楊玄操云手心主胞絡也自臍已上至帶鬲爲中焦也故煩懣食不下則絡脈有過絡脈有過則血上出血上出者死此悲心所生也病得之憂也

齊郎中令循病衆醫皆以爲蹷入中而刺之臣意診之曰湧疝也索隱曰上音勇下音訕所諫反鄒誕生疝音山也令人不

得前後溲溲（索隱曰溲音所留反前溲謂小便後溲大便也）循曰不得前後溲三日矣臣意飲（正義曰於禁反）以火齊湯一飲得前溲再飲大溲三飲而疾愈病得之內所以知循病者切其脈時右口氣急（徐廣曰右一作有○正義曰王叔和脈經云右手寸口氣口也）脈無五藏氣右口（正義曰謂右手寸口也）脈大而數數者中下熱而湧左爲下右爲上皆無五藏應故曰湧疝中熱故溺赤也（正義曰上徒吊反）齊中御府長信病臣意入診其脈告曰熱病氣也然暑汗脈少衰不死曰此病得之當浴流水而寒甚已則熱信曰唯然往（正義曰唯惟癸反）冬時爲王

使於楚至莒縣（正義曰莒密州縣）陽周水而莒橋梁頗壞信則擥（正義音牽）車轅未欲渡也馬驚即墮信身入水中幾死吏即來救信出之水中衣盡濡有閒而身寒已熱如火至今不可以見寒臣意即爲之液湯火齊逐熱一飲汗盡再飲熱去三飲病已即使服藥出入二十日身無病者所以知信之病者切其脈時幷陰脈法曰熱病陰陽交者死切之不交幷陰幷陰者脈順清而愈其熱雖未盡猶活也腎氣有時閒濁（徐廣曰一作鼂）在太陰脈口而希是水氣也腎固主水故以此知之失

治一時即轉爲寒熱

齊王太后病召臣意入診脈曰風癉客脬（索隱曰癉病也音亶脬音普交反字或作胞〇正義曰癉音單旱也脬亦作胞膀胱也言風癉之病客居在膀胱）難於大小溲溺赤臣意飲以火齊湯一飲即前後溲再飲病已溺如故病得之流汗出滫（索隱曰劉氏音巡）滫者去衣而汗晞也所以知齊王太后病者臣意診其脈切其太陰之口溼然風氣也脈法曰沈之而大堅（正義曰沈一作深王叔和脈經云脈大而堅病出於腎也）浮之而大緊者（正義曰緊音吉忍反素問云脈短實而數有似切繩名曰緊也）病主在腎腎切之而相反也脈大而躁大者膀胱氣也躁者中有熱而溺赤

齊章武里曹山跗病（索隱曰跗方符反）臣意診其脈曰肺消癉也加以寒熱即告其人曰死不治適其共養此不當醫（索隱曰適音釋共音恭案謂山跗家適近所持財物共養我我不敢當以言其人不堪療也）治法曰後三日而當狂妄起行欲走後五日死即如期死山跗病得之盛怒而以接內所以知山跗之病者臣意切其脈肺氣熱也脈法曰不平不鼓形弊（正義曰王叔和脈經云平謂春肝木王其脈細而長夏心火王其脈洪大而散六月脾土王其脈大阿阿而緩秋肺金王其脈浮濇而短冬腎水王其脈沉而滑名平脈也）此五藏高之遠數以經病也故切之時不平而代（正義曰素問云血氣易處

不平脉候動不定曰代 不平者血不居其處代者時參擊並至乍躁乍大也此兩絡脈絶故死不治所以加寒熱者言其人尸奪尸奪者形弊形弊者不當關灸鑱石及飲毒藥也臣意未往診時齊太醫先診山跗病灸其足少陽脈口而飲之半夏丸病者即泄注腹中虛又灸其少陰脈是壞肝剛絶深如是重損病者氣以故加寒熱所以後三日而當狂者肝一絡連屬結絶乳下陽明正義曰素問云乳下陽明胃絡也故絡絶開陽明脈陽明脈傷即當狂走後五日死者肝與心相去五分故曰五日盡盡即死矣

齊中尉潘滿如病小腹痛正義曰少音式妙反王叔和脉經云脉急疝瘕少腹痛也臣意診其脈曰遺積瘕也索隱曰劉氏音加雅反舊音遐鄒氏音嫁○正義曰龍魚河圖云犬狗魚鳥不熟食之成瘕痛臣意即謂齊太僕臣饒內史臣繇曰中尉不復自止於內則三十日死後二十餘日溲血死病得之酒且內所以知潘滿如病者臣意切其脈深小弱其卒然合徐廣曰一云來然合然合合也是脾氣也正義曰卒音葱忽反卒一本作來素問云疾病之生於五藏五藏之合合於六府肝合氣於膽心合氣於小腸脾合氣於胃肺合氣於大腸腎合氣於膀胱三焦內主勞右脈口氣至緊小正義曰上音結忍反見瘕氣也以次相乘故三十日死

三陰俱摶者［正義曰如淳云音徒端反素問云左脉口曰少陰少陰之前名厥陰右脉口曰太陰此三陰之脉也］如法不俱摶者決在急期一摶一代者近也故其三陰摶溲血如前止［徐廣曰前一作筋也］

陽虛侯相趙章病召臣意衆醫皆以為寒中臣意診其脈曰迵風［迵音洞言洞徹入四支○索隱曰下云飲食下嗌輒出之是風疾洞徹五藏故曰迵風］迵風者飲食下嗌［音益謂喉下也］而輒出不留法曰五日死而後十日乃死病得之酒所以知趙章之病者臣意切其脈脈來滑是內風氣也飲食下嗌而輒出不留者法五日死皆為前分界法［正義曰分扶問反］後十日乃死所以過期者其人嗜粥故中藏實中藏實故過期師言曰安穀者過期不安穀者不及期

濟北王病召臣意診其脈曰風蹶胷滿即為藥酒盡三石病已得之汗出伏地所以知濟北王病者臣意切其脈時風氣也心脈濁［徐廣曰一作黽］病法過入其陽陽氣盡而陰氣入陰氣入張則寒氣上而熱氣下故胷滿汗出伏地者切其脈氣陰陰氣者病必入中出及瀺水也［索隱曰瀺音士咸反○正義曰顧野王云手足液身躰汋音常灼也］

齊北宮司空命婦出於病［徐廣曰一作奴奴蓋女奴○正義命婦名也］衆

醫皆以為風入中病主在肺徐廣曰一作肝刺其足少陽
脈臣意診其脈曰病氣疝客於膀胱難於前後
溲而溺赤病見寒氣則遺溺使人腹腫出於病
得之欲溺不得因以接內所以知出於病者切
其脈大而實其來難是蹶陰之動也正義曰鄒厥陰之脉也
脈來難者疝氣之客於膀胱也腹之所以腫者
言蹶陰之絡結小腹也蹶陰有過則脈結動動
則腹腫臣意即灸其足蹶陰之脈左右各一所
即不遺溺而溲清小腹痛止即更為火齊湯以
飲之三日而疝氣散即愈

故濟北王阿母徐廣曰濟一作齊王○索隱曰案是王之妳母也○正義曰服虔云乳母也鄭兹巳者
自言足熱而懣臣意告曰熱蹶也則刺其
足心各三所案之無出血病旋已索隱曰言尋則已止也○正義曰謂旋轉之間病則已止也
病得之飲酒大醉濟北王召臣意診
脈諸女子侍者至女子豎豎無病臣意告永巷
長曰豎傷脾不可勞法當春嘔血死臣意言王
曰才人女子豎何能王曰是好為方多伎能為
所是案法新徐廣曰所一作取○索隱曰謂於舊方技能生新意也往年市之
民所四百七十萬曹偶四人索隱曰案當今之四千七百貫也曹偶猶等輩也
王曰得毋有病乎臣意對曰豎病重在死法

中王召視之其顏色不變以爲不然不賣諸侯所至春豎奉劍從王之廁王去豎後王令人召之即仆於廁嘔血死[索隱曰仆音赴又音步北反]病得之流汗流汗者同法病內重毛髮而色澤脈不衰此亦關內之病也

齊中大夫病齲齒[正義曰上丘羽反釋名云齲朽也蟲齧之缺朽也]臣意灸其左太陽明脈即爲苦參湯日嗽三升出入五六日病已得之風及臥開口食而不嗽

菑川王美人懷子而不乳[索隱曰乳音人喻反乳生也]來召臣意臣意往飲以莨礍[正義曰浪宕二音]藥一撮以酒飲之

旋乳[索隱曰旋乳者言迴旋即生也]臣意復診其脈而脈躁躁者有餘病即飲以消石一齊出血血如豆比五六枚[索隱曰比音必利反]

齊丞相舍人奴從朝入宮臣意見之食閨門外望其色有病氣臣意即告宦者平平好爲脈學臣意所臣意即示之舍人奴病告之曰此傷脾氣也當至春鬲塞不通不能食飲法至夏泄血死宦者平即往告相曰君之舍人奴有病病重死期有日相君曰卿何以知之曰君朝時入宮君之舍人奴盡食閨門外平與倉公立即示平

曰病如是者死相即召舍人奴而謂之曰公奴有病不舍人曰奴無病身無痛者至春果病至四月泄血死所以知奴病者脾氣周乘五藏傷部而交故傷脾之色也望之殺然黃徐廣曰殺音蘇葛反○正義曰殺蘇亥反察之如死青之茲衆醫不知以爲大蟲索隱曰即蚘蟲也不知傷脾所以至春死病者胃氣黃黃者土氣也土不勝木故至春死所以至夏死者脈法曰病重而脈順清者曰內關內關之病人不知其所痛心急然無苦若加以一病死中春一愈順及一時其所以四月死者診其人時愈

順愈順者人尚肥也奴之病得之流汗數出灸於火而以出見大風也

菑川王病召臣意診脈曰蹶上正義時掌反蹶逆氣上也爲重頭痛身熱使人煩懣正義曰亡本反止但有煩也臣意即以寒水拊其頭索隱曰拊音附又音撫刺足陽明脈左右各三所病旋已病得之沐髮未乾而臥診如前所以蹶頭熱至肩

齊王黃姬兄黃長卿家有酒召客召臣意諸客坐未上食臣意望見王后弟宋建告曰君有病往四五日君要脅痛不可俛仰正義曰上音免又不得

小溲不亟治病即入濡腎及其未舍五藏急治之病方今客腎濡（正義曰濡溺也病方客在腎欲弱腎也）此所謂腎痺也宋建曰然建故有要脊痛往四五日天雨黃氏諸倩（徐廣曰倩者女壻也駰案方言曰東齊之間壻謂之倩郭璞曰言可假倩也○正義曰倩音七姓反）見建家京下方石（徐廣曰京者倉廩之屬也）即弄之建亦欲効之効之不能起即復置之暮要脊痛不得溺至今不愈建病得之好持重所以知建病者臣意見其色太陽色乾腎部上及界要以下者枯四分所故以往四五日知其發也臣意即爲柔湯使服之十八日所而病愈

濟北王侍者韓女病要背痛寒熱衆醫皆以爲寒熱也臣意診脈曰內寒月事不下也即竄以藥（索隱曰謂以煙熏之故云竄音七亂反）旋下病已病得之欲男子而不可得也所以知韓女之病者診其脈時切之腎脈也嗇而不屬嗇而不屬者其來難堅故曰月不下肝脈弦出左口故曰欲男子不可得也

臨菑氾里女子薄吾病甚（索隱曰氾音凡）衆醫皆以爲寒熱篤當死不治臣意診其脈曰蟯瘕（徐廣曰蟯音饒○索隱曰音饒樌舊音遶遐○正義曰人腹中短蟲）蟯瘕爲病腹大上膚黃麤循

之戚戚然臣意飲以芫華一撮即出蟯可數升病已三十日如故病蟯得之於寒溼寒溼氣宛音鬱○索隱曰又如字篤不發化爲蟲臣意所以知寒薄吾病者切其脈循其尺正義曰王叔和云寸關尺寸謂三分尺謂八分寸口在關上尺在關下寸關尺共有一寸九分也其尺索刺麤而毛美奉髮徐廣曰奉一作奏又作秦○索隱曰循音巡案謂手循其尺索也刺音七賜反麤音七胡反言循其尺索刺人手而麤是婦人之病也徐氏云奉一作奏非其義也又云一作秦秦謂螓首言髮如蠐螬事蓋近也是蟲氣也其色澤者中藏無邪氣及重病

齊淳于司馬病臣意切其脈告曰當病迵風迵風之狀飲食下嗌輒後之徐廣曰如前病得之飽食而疾走淳于司馬曰我之王家食馬肝食飽甚見酒來即走去驅疾至舍即泄數十出臣意告曰爲火齊米汁飲之七八日而當愈時醫秦信在旁臣意去信謂左右閣都尉曰索隱曰案閣者姓也爲都尉一云閣即宮閣都尉掌之故曰閣都尉也意以淳于司馬病爲何曰以爲迵風可治信即笑曰是不知也淳于司馬病法當後九日死即後九日不死其家復召臣意臣意往問之盡如意診臣即爲一火齊米汁使服之七八日病已所以知之者診其脈時切之盡如法其病順故不死

齊中郎破石病臣意診其脈告曰肺傷不治當後十日丁亥溲血死即後十一日溲血而死破石之病得之墮馬僵石上所以知破石之病者切其脈得肺陰氣其來散數道至而不一也色又乘之所以知其墮馬者切之得番陰脈索隱曰番音芳遠反番陰脈入虛裏乘肺脈肺脈散者固色變也乘之所以不中期死者師言曰病者安穀即過期不安穀則不及期其人嗜黍黍主肺故過期所以溲血者診脈法曰病養喜陰處者順死喜養陽處者逆死其人喜自靜不躁又久安坐

伏几而寐故血下泄

齊王侍醫遂病自練五石服之臣意往過之遂謂意曰不肖有病幸診遂也臣意即診之告曰公病中熱論曰中熱不溲者不可服五石石之為藥精悍公服之不得數溲亟勿服色將發臃遂曰扁鵲曰陰石以治陰病陽石以治陽病夫藥石者有陰陽水火之齊故中熱即為陰石柔齊治之中寒即為陽石剛齊治之臣意曰公所論遠矣扁鵲雖言若是然必審診起度量立規矩稱權衡合色脈徐廣曰合一作占表裏有餘不足順

逆之法參其人動靜與息相應乃可以論論曰陽疾處內陰形應外者不加悍藥及鑱石夫悍藥入中則邪氣辟矣（索隱曰辟音必亦反猶聚也）而宛氣愈深（索隱曰愈音庾）診法曰二陰應外一陽接內者不可以剛藥剛藥入則動陽陰病益衰陽病益著邪氣流行為重困於俞（徐廣曰音始喻反）忿發為疽意告之後百餘日果為疽發乳上入缺盆死（索隱曰按缺盆人乳旁上骨名也）此謂論之大體也必有經紀拙工有一不習文理陰陽失矣

齊王故為陽虛侯時病甚（徐廣曰齊悼惠王子也名將廬以文帝十六年為齊王即位十一年卒謚孝王）衆醫皆以為蹷臣意診脈以為痺根在右脅下大如覆杯令人喘逆氣不能食臣意即以火齊粥且飲六日氣下即令更服丸藥出入六日病已病得之內診之時不能識其經解大識其病所在臣意常診安陽武都里成開方開方自言以為不病臣意謂之病苦沓風（索隱曰沓音徒合反風病之名也）三歲四支不能自用使人瘖（徐廣曰一作脊音才亦反○索隱曰瘖者失瘖也讀如音又作喑喑者置也言使人運置其手足也）瘖即死今聞其四支不能用瘖而未死也病得之數飲酒以見大風氣所以知成開方病者診之其脈法奇咳言

曰藏氣相反者死 徐廣曰反一作及 切之得腎反肺 徐廣曰反一作及 法曰三歲死也 安陵阪里公乘項處病 索隱曰案公乘官名也項姓處名故上云倉公之師元里公乘陽慶亦然也 臣意診脈曰牡疝 索隱曰上音母下音色諫反 牡疝在鬲下上連肺病得之內臣意謂之慎毋為勞力事為勞力事則必嘔血死處後蹴踘 徐廣曰一作蹹鞠○正義曰上千六反下九六反謂打毬也 要蹷寒汗出多即嘔血臣意復診之曰當旦日日夕死 索隱曰案旦日明日也言明日之夕死也 即死病得之內所以知項處病者切其脈得番陽 索隱曰脈病之名曰番陽者以言陽脈之翻入虛裏也 番陽入虛裏處旦日死一番一絡者 徐廣曰絡一作結 牡疝也臣意曰他所診期決死生及所治已病眾多久頗忘之不能盡識不敢以對

問臣意所診治病病名多同而診異或死或不死何也對曰病名多相類不可知故古聖人為之脈法以起度量立規矩縣權衡案繩墨調陰陽別人之脈各名之與天地相應參合於人故乃別百病以異之有數者皆異之 索隱曰數音色庄反謂術數之人乃可異其狀也 無數者同之然脈法不可勝驗診疾人以度異之乃可別同名命病主在所居今臣意所診者皆有診籍所以別之者臣意所受師方

適成師死以故表籍所診期決死生觀所失所得者合脈法以故至今知之問臣意曰所期病決死生或不應期何故對曰此皆飲食喜怒不節或不當飲藥或不當鍼灸以故不中期死也問臣意意方能知病死生論藥用所宜諸侯王大臣有嘗問意者不及文王病時（徐廣曰齊文王也以文帝十五年卒）不求意診治何故對曰趙王膠西王濟南王吳王皆使人來召臣意臣意不敢往文王病時臣意家貧欲爲人治病誠恐吏以除拘臣意也（徐廣曰時諸侯得自拜除吏）故移名數左右（正義曰以名籍屬左右之人）不脩

家生出行游國中問善爲方數者事之（索隱曰數音術數之數）久矣見事數師（正義曰上色庚反）悉受其要事盡其方書意及解論之身居陽虛侯國因事侯侯入朝臣意從之長安以故得診安陵項處等病也

問臣意知文王所以得病不起之狀臣意對曰不見文王病然竊聞文王病喘頭痛目不明臣意心論之以爲非病也以爲肥而蓄精身體不得搖骨肉不相任故喘不當醫治脈法曰年二十脈氣當趨年三十當疾步年四十當安坐年五十當安臥年六十已上氣當大董（徐廣曰董謂深藏之一作

菫○索隱曰菫音謹文王年未滿二十方脈氣之趨也而徐之不應天道四時後聞醫灸之即篤此論病之過也臣意論之以爲神氣爭而邪氣入非年少所能復之也以故死所謂氣者當調飲食擇晏日車步廣志以適筋骨肉血脈以瀉氣故年二十是謂易貿徐廣曰一作賀又作質法不當砭灸砭灸至氣逐問臣意師慶安受之聞於齊諸侯不對曰不知慶所師受慶家富善爲醫不肯爲人治病當以此故不聞慶又告臣意曰慎毋令我子孫知若學我方也

問臣意師慶何見於意而愛意欲悉教意方對曰臣意不聞師慶爲方善也意所以知慶者意少時好諸方事臣意試其方皆多驗精良臣意聞菑川唐里公孫光善爲古傳方索隱曰謂好能傳得古方也○正義曰謂全傳寫得古人之方書臣意即往謁之得見事之受方化陰陽及傳語法徐廣曰法一作五臣意悉受書之臣意欲盡受他精方公孫光曰吾方盡矣不爲愛公所索隱曰言於意所不愛惜方術也吾身已衰無所復事之是吾年少所受妙方也悉與公毋以教人臣意曰得見事侍公前悉得禁方幸甚意死不敢妄傳人

居有閒公孫光閒處正義曰上音閑下昌汝反臣意深論方見言百世爲之精也師光喜曰公必爲國工吾有所善者皆踈同產處臨菑善爲方吾不若其方甚奇非世之所聞也吾年中時嘗欲受其方索隱曰案年中謂中年時也中年亦壯年也古人語自爾楊中倩不肯索隱曰倩音七見反人姓名也曰若非其人也胥與公往見之徐廣曰胥猶言須也當知公喜方也其人亦老矣其家給富時者未往會慶子男殷來獻馬因師光奏馬王所意以故得與殷善光又屬意於殷曰意好數索隱曰數色句反謂好術數也公必謹遇之其人聖儒索隱曰言意儒德慕聖人之道故云聖儒也即爲書以意屬楊慶以故知慶臣意事慶謹以故愛意也

問臣意曰吏民嘗有事學意方及畢盡得意方不何縣里人對曰臨菑人宋邑徐廣曰一作昆邑學臣意教以五診正義曰謂診五藏之脈歲餘濟北王遣太醫高期王禹徐廣曰一作鷁學臣意教以經脈高下及奇絡結正義曰素問云奇經八脈往來舒時一止而復來名之曰結也當論俞正義曰式喻反所居及氣當上下出入邪逆順以宜鑱石定砭灸處歲餘菑川王時遣太倉馬長馮信正方臣意教以案法逆順論藥法定五味及和齊湯法高永

侯家丞杜信喜脈來學臣意教以上下經脈五
診二歲餘臨菑召里唐安來學臣意教以五診
上下經脈奇咳四時應陰陽重未成除爲齊王
侍醫
問臣意診病決死生能全無失乎臣意對曰意
治病人必先切其脈乃治之敗逆者不可治其
順者乃治之心不精脈所期死生視可治時時
失之臣意不能全也
太史公曰女無美惡居宮見妬士無賢不肖入
朝見疑故扁鵲以其伎見殃倉公乃匿迹自隱

而當刑緹縈通尺牘父得以後寧故老子曰美
好者不祥之器豈謂扁鵲等邪若倉公者可謂
近之矣

索隱述贊曰
上池祕術　長桑所傳　始候趙簡
知夢鈞天　言占虢嗣　尸蹷起焉
倉公贖罪　陽慶推賢　効驗多狀
式具于篇

正義曰胃大一尺五寸徑五寸長二尺六寸橫
尺受水穀三斗五升其中常留穀二斗水一斗

五升凡人食入於口而聚於胃中穀熟傳入小腸也小腸大二寸半徑八
分分之少半長三丈二尺受穀二斗四升水六
升三合合之太半小腸謂之穀而傳入於大腸也回腸大四寸徑
一寸半長二丈二尺受穀一斗水七升半廣腸
大八寸徑二寸半長二尺八寸受穀九升三合
八分合之一故腸胃凡長五丈八尺四寸合受
水穀八斗七升六合八分合之一此腸胃長短
受水穀之數也甲乙經腸胃凡長六丈四寸四分從口至腸而數之此徑從胃至腸而數之
故短也肝重四斤四兩左三葉右四葉凡七葉主
藏魂肝者幹也於五行爲木其體狀有枝幹也肝之神七人老子名曰明堂宮蘭臺府從官三千六百人又云
肝神六童子三女子三也心重十二兩中有七孔三毛盛精汁
三合主藏神心纖也所識纖微也其神九太尉公名曰絳宮太始南極老人負光之身其從官三
千六百人又爲帝王身之王也脾重二斤三兩扁廣三寸長五寸
有散膏半斤主裹血溫五藏主藏榮脾裨也在助氣主化穀其
神云光玉女子母其從官三千六百人也肺重三斤三兩六葉兩耳凡
八葉主藏魂魄肺孛也言其氣孛故短也樹鬱也其神八人太和君名曰玉堂宮尚書府其從官
三千六百人又云肺神十四童子七女子七也腎有兩枚重一斤一兩主藏
志腎引也腎屬水主引水氣灌注諸脉也其神六人司徒司空司命司録司隷校尉尉卿也膽在肝之
短葉間重三兩三銖盛精汁三合膽敢也言人有膽氣而能果敢
也其神五人太一道君居紫房宮中其從官三千六百人也胃重二斤十四兩紆

曲屈申長二尺六寸大一尺五寸徑五寸盛穀
二斗水一斗五升胃圍也言圍受食物也其神十二人五元之氣諫議大夫也小
腸重二斤十四兩長三丈二尺廣二寸半徑八
分分之少半迴積十六曲盛穀二斗四升水六
升三合合之太半腸暢也言通暢胃氣牽去穢也其神二人元梁使者也大腸
重二斤十二兩長二丈一尺廣四寸徑一寸半
當齊右迴十六曲盛穀一斗水七升半大腸即迴腸也其迴
曲因以名之其神二人元梁使者也膀胱重九兩二銖縱廣九寸盛
溺九升九合膀橫也胱廣也體短而又名胞胞虛空也主以虛承水液口廣二寸半
脣至齒長九分齒已後至會厭深三寸半大容

五合也舌重十兩長七寸廣二寸半舌泄也言可舒泄言語也
咽門重十兩廣二寸半至胃長一尺六寸咽嚥也言咽物
也又謂之咽主地氣胃爲土故云主地氣也喉嚨重十二兩廣二寸長
一尺二寸九節喉嚨空虛也言其中空虛可以通氣息焉心肺之系也呼吸之道路喉嚨與咽
並行其實兩異而人多惑也肛門重十二兩大八寸徑二寸大
半長二尺八寸受穀九升三合八分合之一肛釭
也言其處似車釭故曰釭門即廣腸之門又名䐜也手三陽之脉從手至頭長
五尺五六合三丈一手有三陽兩手爲六陽故云五六三也手三陰之
脉從手至胷中長三尺五寸三六一丈八尺五
六三尺合二丈一尺兩手各有三陰合爲六陰故云三六一丈八尺也足

三陽之脉從足至頭長八尺六八合四丈八尺兩足各有三陽故曰六八四丈八尺也足三陰之脉從足至胷長六尺五寸六六三丈六尺五六三尺合三丈九尺兩足各有陰故云六六三丈六尺也按足太陰少陰皆至舌下厥陰至於項上今言至胷中者蓋據其相接之次者也人兩足蹻脉從足至目長七尺五寸二七一丈四尺二五一尺合一丈五尺督脉任脉各長四尺五寸二四八尺二五一尺合九尺凡脉長一十六丈二尺也此所謂十二經脉長短之數也督脉起於骸頭上於面至口齒縫計此不止長四尺五寸當取其上極於風府而言之也手足各十二脉爲二十四并督任兩蹻四脉都合二十八脉以應二十八宿凡長十六丈二尺營衛行周此數則一度也寸口脉之大會手太

陰之動也太陰者脉之會也肺諸藏主蓋主通陰陽故十二經皆手太陰所以決吉凶者十二經有病皆寸口知其何經之動浮沉滑濇逆順知其死生之兆也人一呼脉行三寸一吸脉行三寸呼吸定息脉行六寸十二經十五絡二十七氣皆候於寸口隨呼吸上下呼脉上行三寸吸脉下行三寸二十七氣皆逐上下行無有息時人一日一夜凡一萬三千五百息脉行五十周於身漏水下百刻營衛行陽二十五度行陰二十五度度爲一周也故五度復會於手太陰寸口者五藏六府之所終始故法於寸口也人一息行六寸百息六丈千息六十丈一萬三千五百息合爲八百一十丈陽脉出行二十五度陰脉入行二十五度陰陽呼吸覆行周畢度數也脉行身畢即水下百刻亦畢謂一日一夜刻盡天明日出東方脉還得寸口當更始也故寸口者五藏六府之所終始也肺

氣通於鼻鼻和則知臭香矣肝氣通於目目和則知白黑矣脾氣通於口口和則知穀味矣心氣通於舌舌和則知五味矣腎氣通於耳耳和則聞五音矣五藏不和則九竅不通六府不和則留爲癰也

扁鵲倉公列傳第四十五　史記一百五

